MÉMOIRES

DU

COMTE DE LAS-CASAS.

B.R

AUG. WAHLEN ET Cᵒ, IMPRIMEURS-LIBRAIRES.

M DCCC XVIII.

MÉMOIRES

D'EMMANUEL-AUGUSTE-DIEUDONNÉ

COMTE DE LAS-CASAS,

ÉCRITS PAR LUI-MÊME;

AVEC UNE LETTRE DU COMTE DE LAS-CASAS, PENDANT SON SÉJOUR A
SAINTE-HÉLÈNE, A LUCIEN BONAPARTE, CONTENANT UN RÉCIT FIDÈLE
DU VOYAGE DE NAPOLÉON JUSQU'A CETTE ÎLE, SON SÉJOUR, SA MA-
NIÈRE D'Y VIVRE ET LE TRAITEMENT QU'IL Y ÉPROUVE;

ET DE PLUS UNE LETTRE DE LAS-CASAS A LORD BATHURST;

Traduits de l'anglais et ornés du portrait de Las-Casas.

BRUXELLES,

AUG. WAHLEN ET Cᵉ, IMPRIMEURS-LIBRAIRES.

M DCCC XVIII.

PRÉFACE.

DE toutes les personnes qui ont accompagné le célèbre exilé à Ste-Hélène, il n'en est aucune sur laquelle l'attention publique se soit plus particulièrement fixée que sur le comte de Las-Casas. Il est impossible, à une époque telle que celle où nous vivons,
de passer sous silence les circonstances qui ont accompagné son retour en Europe, et le traitement
cruel que lui ont fait, dit-on, éprouver les agens
du gouvernement britannique. Partout où M. de Las-
Casas a porté ses pas, il s'en est plaint avec autant
d'amertume que d'indignation, et c'est une opinion
devenue générale en Europe, que l'humanité et la
justice ont été également outragées par les rigueurs
auxquelles il a été soumis.

Lorsque la conduite de notre gouvernement
devint l'objet de la discussion de la chambre des
communes, peu de temps avant la dissolution du
dernier parlement, les ministres élevèrent contre
M. de Las-Casas, des accusations et des soupçons très-
injurieux à son caractère personnel et à sa réputa-
tion. De toutes ces accusations, celle dont un homme
d'honneur est peut-être le plus profondément offensé, a été portée contre lui par M. Goulburn,
qui l'a présenté comme coupable de mensonges volontaires.

M. de Las-Casas n'était pas présent pour répondre à cette accusation, et toutefois, lui seul pouvait
y répondre. On ne pouvait penser cependant qu'il
consentît à la laisser peser sur lui. Aussi les journaux du continent furent-ils bientôt invités à an-
noncer que M. de Las-Casas s'occupait sans relâ-
che de mettre en ordre, dans le dessein de les faire
imprimer, toutes les pièces qui devaient justifier
pleinement, et dans les moindres circonstances, sa

conduite et son caractère. Il a maintenant complété
cette justification, et des mesures ont été prises pour
qu'elle fût rendue publique, au même instant, dans
les principales langues de l'Europe. Nous nous sommes chargés de la mettre sous les yeux du peuple anglais.

Elle consiste d'abord dans le récit de la vie de M. de
Las-Casas, fait à la troisième personne, mais composé d'après des matériaux fournis par lui-même.
En second lieu, dans une lettre écrite par M. de Las-
Casas à Lucien Bonaparte, et dans laquelle il raconte
le traitement que l'on fait subir à Napoléon, et son
genre de vie à Ste-Hélène; lettre qui fut la cause
du départ de M. de Las-Casas de cette île. Enfin,
d'une lettre contenant les plaintes et les réclamations,
de M. de Las-Casas, adressée à lord Bathurst, immédiatement après son arrivée à Francfort.

Tels sont les matériaux que M. de Las-Casas a jugé à propos de communiquer au public, afin qu'il puisse prononcer entre lui et les ministres britanniques.

Les choses n'en resteront pas là; l'opinion publique
a toujours assez de force dans ce pays pour reten-
tir jusqu'aux oreilles du gouvernement, et nous n'a-
vons aucun doute que, dans la circonstance actuelle,
les ministres ne lui témoignent assez de déférence pour
honorer cet ouvrage de quelque attention. A tout événement, l'objet en question, aussi bien que tout ce
qui se passe à Ste-Hélène, sera certainement mis sous
les yeux du parlement aussitôt après sa convocation.

Sans anticiper sur l'opinion du public, relativement
à M. de Las-Casas, qu'il nous soit permis de dire que
le récit de sa vie sera lu avec un intérêt peu ordinaire.
Tout annonce que ce tableau est fidèle. Le comte
y est représenté comme possédant cette franchise de
cœur, cet enthousiasme romanesque, et cette inté-
grité de caractère que nous nous attendons à trouver dans l'homme qui sacrifie tout espoir humain, et
se soumet lui-même à toutes les rigueurs de la cap-

tivité dans une île déserte, au milieu d'un immense océan, pourvu qu'il puisse apporter secours et consolation au maître que la fortune a, selon toute apparence, abandonné pour toujours. Une partie considérable de sa vie s'est écoulée en Angleterre, où il fut jeté, au commencement de la révolution, dans un état de dénuement. D'une vie aisée et embellie même par les jouissances du luxe, il est passé tout-à-coup à l'excès de toutes les privations ; mais ses talens et ses vertus, après de pénibles efforts, lui ont procuré les moyens de s'assurer une agréable existence, ainsi que l'estime et l'amitié de plusieurs personnages recommandables parmi nous, qui conservent pour lui la plus haute considération. Si un homme tel que lui, jouissant constamment de l'estime de tous ceux qui le connurent, et dont ils ont donné au monde la preuve la moins équivoque par des démarches généreuses et dévouées, supportait, sans y répondre, les accusations dirigées contre lui par lord Castlereagh et M. Goulburn, nous aurions tout lieu de nous écrier qu'il fait absolument exception à son espèce. Sans avoir cependant en aucune manière l'intention d'offenser lord Castlereagh, ou M. Goulburn, nous pouvons dire avec assurance qu'il faut quelque chose de plus que leur simple assertion, pour décider un homme impartial à les croire de préférence à M. de Las-Casas ; surtout si l'on considère qu'une autre assertion de leur part, pendant la même discussion, avait à peine obtenu quelque crédit parmi leurs partisans les plus crédules.

MÉMOIRES

D'EMMANUEL-AUGUSTE-DIEUDONNÉ

COMTE DE LAS-CASAS,

Lorsque, vers la fin du XIᵐᵉ siècle, plusieurs princes français, animés d'un religieux enthousiasme et d'un esprit de chevalerie traversèrent les Pyrénées pour combattre les Maures, un des ancêtres de Las-Casas était porte-étendard du comte Henri de Bourgogne. L'histoire fait assez connaître les faits glorieux de ce Henri, fondateur du royaume de Portugal; dans une des dix-sept batailles dans lesquelles il triompha des infidèles, la victoire demeura long-temps incertaine, jusqu'à ce que le porte-étendard, par des actes de bravoure presque miraculeux, l'eût assurée à l'armée de Henri; toutefois, des diverses couleurs qu'il portait dans le combat, un seul morceau de soie lui resta dans la main. Henri décida que ce précieux débris constituerait désormais les armoiries du héros à qui il se croyait redevable de la victoire de ce jour, et il lui assigna en même temps, pour sa part du butin, *Todas Las-Casas*, c'est-à-dire toutes les habitations des Maures qui se trouvaient en vue du champ de bataille; delà les armes, la devise, et même le nom de cette famille.

Dans les derniers temps, cette famille fixa sa résidence aux environs de *Séville*, dans la province d'Andalousie, et dans l'année 1200, un de ses membres, Charles de Las-Casas, était du nombre des grands d'Espagne qui accompagnèrent Blanche de Castille, lorsqu'elle se rendit en France pour y épouser Louis VIII, père de St-Louis (*voy.* les *Généalogies de St-Allais; Chérin. — Dictionnaire de la noblesse en France*, etc.

Le magnanime évêque de Chiapa, Barthélémy de Las-Casas, le courageux défenseur des Indiens; celui qui propagea parmi eux la morale chrétienne; celui qui transporta dans le Nouveau-Monde toutes les vertus européennes; qui fut vraiment l'honneur de l'humanité; dont le nom se retrouve dans toutes les histoires, sur le théâtre, et même dans les romans, appartenait aussi à cette famille.

Emm.-Aug.-Dieudonné, l'objet de la présente Notice biographique, forme la dix-septième génération militaire de cette
maison ; car depuis le retour de cette famille, en France, dans
les circonstances que nous avons rappelées ci-dessus, sa carrière
fut nécessairement militaire, et le plus grand nombre des branches qui la composent, peut compter, parmi ses membres, plusieurs guerriers qui furent ou blessés ou tués sur le champ
d'honneur, dans les batailles les plus célèbres de cette monarchie.

Le jeune comte de Las-Casas, né dans le château de ce
nom, près de Sorèse, dans la province de Languedoc, reçut
les premiers élémens de son éducation des prêtres de l'Ora-
toire à ¡Vendôme, d'où il entra dans la célèbre école militaire
de Paris, distinguée par les priviléges dont elle jouissait ; cette
école, qui a donné à la révolution française un si grand nombre de guerriers distingués, et d'où sont sortis le général De-
saix, qui périt à la bataille de Marengo ; Phélippeaux, un des
héros de St-Jean-d'Acre ; Clarke duc de Feltre ; les deux Hé-
douville ; l'ambassadeur Alexandre Larochefoucauld ; le général Nansouty ; le maréchal Davoust, prince d'Eckmuhl, etc.,
et Napoléon.

Le comte quitta fort jeune l'école militaire de Paris ; il fut
d'abord destiné à la cavalerie ; mais sa petite taille et la faiblesse de sa constitution le décidèrent, de lui-même, à em-
brasser le service de mer. Ce service était en quelque sorte
à la mode à cette époque, et d'ailleurs sa famille était liée avec
le duc de Penthièvre, amiral de France, dont la faveur pouvait lui assurer tous les avantages qu'offrait cette carrière,
alors si brillante et si vivement recherchée.

Quatorze jours s'étaient à peine écoulés depuis qu'il était sorti
de l'école militaire, et notre jeune marin était déjà sur le canal,
dans la grande escadre combinée sous les ordres de dom
Louis de Cordoue, laquelle était destinée à suivre la flotte anglaise commandée par l'amiral Howe. Son premier engage-
ment eut lieu au siége de Gibraltar ; lui et le canot qu'il com-
mandait furent sur le point d'être engloutis par les flots, à
l'instant où il était occupé à sauver les équipages espagnols
de leurs vaisseaux enflammés. Peu de semaines après, il prit
part au combat naval livré, le 20 octobre 1782, à la hauteur
de Cadix, dans lequel plus de cent vaisseaux de ligne des deux
nations, furent opposés l'un à l'autre. Cette action fut la
dernière de la guerre ; mais la paix ne mit point un terme à
l'activité de Las-Casas ; naturellement ambitieux, il s'était
déjà distingué à l'école par sa diligence et ses efforts, et avait
obtenu plusieurs fois des prix. De sorte que désormais il s'ap-
pliquait avec soin à toute chose dans laquelle il avait l'espérance de réussir.

L'avancement dans le service naval dépendait, à cette époque, de l'union de l'expérience pratique à la mer, avec la connaissance des sciences mathématiques. Cette considération détermina Las-Casas à entreprendre des voyages à toutes les colonies de l'Amérique ; à la Nouvelle-Angleterre ; au Sénégal, à l'Ile-de-France, aux Deux-Indes. Alors, pour la première fois, il se présenta lui-même au célèbre professeur Monge, depuis sénateur, pour subir des examens sur les différentes branches de mathématiques. Le résultat de ces examens fut très-honorable pour lui. Il fut aussitôt promu au grade de lieutenant de vaisseau, qui lui donna rang de major dans l'armée. Il était alors à peine âgé de vingt-un ans ; et cette élévation rapide, tout-à-fait inusitée dans le service de mer, ne fut le résultat d'aucune faveur, mais seulement la conséquence du cours ordinaire des choses.

Si le biographe doit s'attacher scrupuleusement à prendre note des circonstances même les moins importantes de la vie de son héros, il ne lui est surtout pas permis d'omettre celles dans lesquelles il a plu à la Providence, en le conduisant pour ainsi dire par la main, de le sauver d'une ruine certaine. Las-Casas a échappé deux fois à des dangers de ce genre.

Le but de l'expédition infortunée de la Peyrouse, est universellement connu. L'idée et le plan de cette expédition furent tracés de la propre main de Louis XVI, et l'on regardait alors comme une très-grande faveur d'en faire partie. Les parens du comte, qui occupaient des charges à la cour, obtinrent pour lui cette faveur et lui en firent passer l'avis à St-Domingue où il était à bord d'un vaisseau. Il revint en toute hâte en Europe ; il y arriva trop tard, car l'expédition avait déjà mis à la voile. Son chagrin fut sans bornes ; mais combien l'homme est peu capable d'apprécier les causes de ses peines ; personne n'est jamais revenu de ce voyage, et jusqu'à ce moment on ne sait ni dans quels lieux ni de quelle manière les deux vaisseaux ont fait naufrage.

Dans l'année suivante, après son retour d'Amérique, le comte désira d'accomplir par tous les moyens et le plus promptement possible, le nombre d'années de service exigé par les lois, qui lui restait encore à parcourir. Il obtint de l'emploi sur un brick ; l'état de sa santé, ses parens et ses amis le déterminèrent à ne pas l'accepter et à en solliciter un autre sur un grand vaisseau tout équipé pour faire la guerre. Plus ses desseins furent d'abord traversés, plus il s'attacha fermement à les accomplir, et il finit même, par déclarer, que plutôt d'y renoncer il quitterait le service royal. Il réussit enfin, et ce fut très-heureux pour lui, car le brick (*Le Matin*), ayant mis à la voile peu de semaines après, de concert avec une frégate qui se rendait au Sénégal, s'en sépara pendant une nuit obscure, et on ne l'a plus vu depuis.

Notre jeune marin, élevé maintenant au grade de lieutenant de vaisseau, avait heureusement traversé les épines de sa profession ; ses fleurs et ses attraits se présentaient maintenant à lui. Jusqu'ici il avait passé sa vie dans les écoles et à bord des vaisseaux. Le monde lui était inconnu, c'était maintenant, pour ainsi dire, qu'il entrait pour la première fois dans la vie, et sous quels heureux auspices ! Au printemps de ses jours, dans un rang distingué, présenté à la cour, admis, ainsi que cela s'appelait alors à Versailles, à monter dans les carrosses du Roi, privilége qui ne s'accordait qu'aux plus anciennes familles, et qui était en même temps la preuve de la faveur dont on jouissait auprès du monarque, et l'assurance positive d'une alliance brillante ! quel avenir flatteur ! quel sort digne d'envie ! Une vie tranquille et heureuse semblait l'attendre !... Mais combien sont vains et trompeurs tous les calculs des probabilités humaines. Son horoscope lui montrait le bonheur et le repos, mais bientôt il fut assailli par la tempête et l'infortune. Un nuage inattendu vint bientôt obscurcir l'horizon, et un ouragan frappa soudain le sommet, le trône et les branches de la noblesse ; la révolution française éclata.

Le malaise qui existait dans les rapports sociaux en France, consistait principalement, à cette époque, en ce qu'il n'y avait plus de patrie, mais seulement des classes et des conditions. Il n'y avait aucune idée des droits de la nation et de la prospérité publique ; les préjugés et les priviléges seraient seuls cousidérés , et la révolution ne fut ni une insurrection des sujets contre le prince, ni une véritable insurrection du peuple, mais bien plutôt l'insurrection des vassaux contre leurs supérieurs et leur chef suprême ; un soulévement de l'égalité contre les priviléges ; une résistance semblable à celle que les Gaulois opposèrent autrefois aux Francs.

L'émigration en fut la suite. Le comte de Las-Casas, naturellement ardent, enthousiaste, et dans l'âge des passions vives, fut du nombre des premiers qui se précipitèrent dans le sentier que ses parens et ses amis appelaient le sentier de l'honneur. On le vit dans la première réunion des émigrans, à Worms, avec le prince de Condé ; bientôt après le comte d'Artois arriva à Mayence. Le Roi fut arrêté dans sa fuite à Varennes, et Monsieur, maintenant Louis XVIII, entra à Coblentz.

Il serait difficile de se faire une juste idée de la crédulité, de la suffisance et de l'irréflexion des jeunes émigrans français. Tous considéraient leur nombre comme beaucoup plus que suffisant pour ramener à l'ordre une populace révoltée , ainsi qu'ils l'appelaient, et chaque nouveau compagnon d'armes, était vu par eux de mauvais œil et même avec jalousie. Cependant leurs jours se passaient en fêtes et en réjouissances, mais en même temps, ils se plaignaient hautement de ceux qui s'efforçaient de mettre des bornes à cette impatience qui creusait l'abîme qui allait bientôt se refermer sur eux.

Coblentz était alors le siége d'une réunion brillante et distinguée; là se trouvait le ban et l'arrière-ban de la France; là était le rendez-vous de toute l'élégance et la grâce de Paris. Ce fut l'époque de la vie de Las-Casas dans laquelle il fut plus à portée de voir le monde à la mode, et dans laquelle aussi il jouit davantage des plaisirs de la société. Il était admis dans les cercles de la comtessse de Balby, et son nom avait été mis sur la liste choisie de la comtesse dePolastron. On rencontrait dans ces sociétés tout ceux, qui avaient des prétentions au bon goût, à la faveur et à l'élégance. Les mémoires du temps parleront certainement un jour de ces deux dames, dont l'une était spirituelle, aimable, gaie, aimant l'éclat, et l'autre, douce, modeste, réservée et silencieuse. Les princes français étaient dans leurs chaînes.

Non loin de Coblentz, Aix-la-Chapelle offrait un point de réunion pour toute l'Europe. Plusieurs princes et personnages distingués s'y trouvaient. Las-Casas leur rendit de fréquentes visites, et s'attacha particulièrement à l'infortunée princesse de Lamballe dont la maison était une branche de sa famille. Lorsque cette noble victime d'une amitié et d'un dévouement héroïques, partit d'Aix-la-Chapelle pour se rendre auprès de la Reine, et demeura sourde à tous les avertissemens et à toutes les prédictions qui lui furent donnés sur sa destinée, Las-Casas l'accompagna jusqu'à la frontière. Il désirait la suivre sous un déguisement, jusqu'à Paris, et ce fut seulement l'ordre exprès de cette princesse qui l'empêcha d'exécuter ce projet. Parmi les personnes de distinction qu'il connut à Aix-la-Chapelle, nous devons nommer le comte de Haga (Gustave III de Suède), qui l'honorait d'une considération particulière, l'attacha à sa marine, et voulait le prendre avec lui dans sa voiture. Un retard, à l'heure fixée pour le départ, priva Las-Casas de cet avantage, et, peu après, le Roi de Suède tomba sous les coups d'un assassin. Si Las-Casas l'avait suivi, qui sait quelle direction eût prise alors sa vie.

Enfin s'ouvrit la mémorable campagne de 1792; la croisade du duc de Brunswick est assez connue; les émigrans se mirent en mouvement. Toute cette jeune noblesse suivait, comme simple soldat, le fusil sur l'épaule et à ses propres dépens. L'esprit était bon, le but était noble; le spectacle de cette multitude sans ordre avait quelque chose de comique. Ils parurent devant Thionville comptant s'emparer de cette place sans même penser à l'investir, et négocièrent long-temps avec les Autrichiens pour se procurer deux pièces de canon, afin de les employer contre cette forteresse.

Las-Casas était dans le corps des officiers de la marine, lequel, par un hasard des plus singuliers, rencontra la garde nationale de Brest sur les remparts de la ville ; ces derniers adressèrent des invectives aux premiers qui répondirent à peu près sur le même ton. A cette époque les partis avaient réciproquement si peu d'expérience de la guerre, que cette rencontre se borna aux injures. Tandis qu'un bataillon de la garde impériale, tels qu'ils étaient dans ces derniers temps, eût suffi pour mettre en déroute toute cette troupe d'émigrés, quoiqu'elle fût commandée par des maréchaux qui jadis avaient gagné des batailles.

Tout le monde connaît le résultat infructueux de l'invasion du duc de Brunswick et sa retraite rapide, et l'on peut considérer cette campagne comme le tombeau des derniers restes de la féodalité. Cette circonstance aurait dû enseigner aux émigrés que toutes les espèces de calamités sont ordinairement la suite des guerres civiles, lorsque l'un des partis a recours aux étrangers, et place quelque confiance en eux. Jusqu'alors l'armée dite *des Princes*, avait été retenue comme prisonnière au centre des colonnes prussiennes ; mais à peine la retraite eut-elle commencée, que les émigrés se trouvant non - seulement abandonnés, mais maltraités et pillés, se virent forcés de jeter leurs armes et d'errer, manquant de tout, dans les pays dont les souverains qui, peu de jours auparavant, les avaient accueillis de la manière la plus honorable, leur défendaient maintenant de séjourner dans les villes, dans les villages, et finissaient par les expulser entièrement de leurs États.

Las-Casas s'abandonnant à son étoile, parcourut à pied le pays de Luxembourg, Liége, Aix-la-Chapelle, Maestricht, et gagna Rotterdam. Un grand nombre d'émigrés se rendit en Hollande, plusieurs s'embarquèrent pour chercher ailleurs un asile ; d'autres furent enlevés et conduits à Batavia.

Las-Casas et ses compagnons d'infortune se jetèrent dans un bâtiment de transport chargé de houille, à bord duquel ils furent traités comme s'ils étaient une cargaison de nègres, et débarqués sur les rives de la Tamise, à une grande distance de Londres, où ils se rendirent à pied. Un nouveau monde et une nouvelle existence se présentèrent au comte sous les formes les plus affreuses, celles de la misère aux prises avec le besoin. Il ne pouvait plus être question d'armoiries, de rang ni de naissance; tous ces avantages avaient disparu, et jeté au milieu des classes inférieures de la société, le seul parti qui lui restait était d'en partager les travaux ou de périr d'inanition. Transporté sur un sol étranger, parmi un peuple dont il ignorait le langage, sans ami, sans connaissances, sans argent, p rivé de toutes relations au-dehors par la crainte de compromettre ceux qui auraient pu lui faire passer des secours ; telle était la situation misérable du comte qui, néanmoins, doué d'une ame forte, quelque frêle que fût sa constitution, n'en fut point abattu.

« Ai-je le droit de me considérer comme malheureux, se disait-il à lui-même, quand je vois ces vieillards et ces femmes élevés au sein des plaisirs et de l'abondance, maintenant en proie à la misère, sans secours, sans industrie, et n'ayant pas même la force nécessaire pour les rendre utiles, s'ils en possédaient ? Et même, continuait-il, lorsque je considère la classe à laquelle j'appartiens actuellement, gagnant, à la sueur de son front, la substance de la journée, et craignant de périr le lendemain faute de travail ; si je compare ma position à la leur, puis-je me dire malheureux ? Les événemens m'ont placé dans una situation qui peut changer demain, tandis que pour ces êtres infortunés, il n'y a nulle espérance d'en sortir ; la pauvreté les reçoit au berceau, et les accompagne jusqu'à la tombe. Combien la vie ne leur est-elle pas à charge, et combien n'ont-ils pas droit de s'en plaindre ! Ne dois-je pas au contraire bénir ma destinée ! »

Ces considérations ranimèrent son courage, et seules, dans les momens les plus critiques, elles suffirent pour le rendre capable de surmonter tout découragement.

Le comte était infatigable dans ses efforts à développer tout ce qu'il possédait de forces physiques et morales ; il passait une partie de ses momens de repos à apprendre la langue du pays, et sous un nom supposé, il enseignait à ceux qui se présentaient ce qu'ils réclamaient de lui. Il était alors habituellement dans la nécessité d'apprendre la veille ce qu'il devait montrer à d'autres le lendemain, et il avait coutume de dire plaisamment de lui-même qu'il était un précepteur qui s'instruisait aux dépens de ses élèves.

La première partie de cette nouvelle carrière fut longue et très-pénible, et il serait difficile d'en donner une juste idée ; mais nous sommes assurés que tout ceux qui pourraient en connaître les détails seraient étonnés d'apprendre jusqu'à quel point un homme, doué des affections les plus sensibles et les plus nobles, a pu limiter les besoins journaliers de son existence et le soumettre à tant de privations. Ils y trouveraient, d'un autre côté, un vaste champ ouvert à la gaîté par le récit d'anecdotes curieuses, de *quiproquos* burlesques occasionnés par son déguisement, et par sa double situation comme homme du monde et comme homme du peuple, qui, dans l'intervalle de peu d'heures, passait des plus superbes salons dans les galetas de la misère ; dînait souvent auprès de l'ouvrier dans les cabarets les plus ignobles, et s'asseyait le soir à la table splendide des grands. Cette position offrait souvent des scènes vraiment théâtrales et romanesques, et en effet, l'imagination et même le caractère du comte n'étaient pas exempts d'une forte impression de romanesque.

Mais comme il est rare qu'une éducation soignée, des manières aisées, des talens distingués et du courage, n'élèvent pas rapidement au-dessus de la multitude ceux qui sont doués de ces diverses qualités, Las-Casas trouva bientôt des amis, aux soins desquels il dut la possibilité de se montrer dans le monde avec cette espèce d'extérieur qu'il exige. Diverses carrières, même brillantes, s'offrirent alors fréquemment à lui. Par exemple, il reçut un jour des ouvertures relativement à un emploi très-lucratif au moyen duquel il lui eût été facile d'acquérir honorablement une grande fortune à l'île de la Jamaïque : des ouvertures semblables lui furent faites, relativement à des places dans l'Inde, qui l'eussent mis dans une situation indépendante ; mais il rejeta constamment ces diverses propositions comme portant avec elle un caractère d'exil, préférant rester près de sa patrie, plutôt que d'aller au loin acquérir des richesses ; de sorte que l'espérance fit pencher la balance en faveur de la pauvreté.

A l'époque à laquelle Las-Casas conservait encore toutes ses erreurs politiques, deux circonstances importantes l'enlevèrent deux fois à ses occcupations ordinaires. L'une fut l'essai infructueux d'un débarquement dans la Vendée, l'autre l'épouvantable catastrophe de Quiberon, à laquelle il échappa comme par prodige. Croyant avoir rempli tous ses devoirs et désormais convaincu que la cause, pour laquelle il avait fait tous les genres de sacrifices, était entièrement perdue, il pensa à se retirer et à se vouer exclusivement à ses affaires personnelles. A cette époque, il conçut l'heureuse idée de composer un *Atlas historique* qui eut de grands succès quoiqu'il n'en publiât alors qu'une esquisse ; cet ouvrage lui valut quelqu'argent, lui procura des connaissances et quelques amis estimables dont les soins, les attentions et les égards eussent aisément pu lui faire oublier le passé, s'il lui eût été possible d'être heureux hors de sa patrie et séparé de sa famille.

Huit ou dix années se passèrent ainsi, et le comte se trouvait encore dans la terre d'exil, lorsqu'un météore lumineux parut au sein de la France qu'il couvrit de l'éclat de son génie. Son bras puissant changea, en un clin-d'œil, l'ordre qui existait. La révolution française cessa d'être la terreur de l'Europe civilisée, ses grandes et sublimes vérités sortirent brillantes et purifiées du chaos de l'anarchie commandèrent l'admiration des Rois en répondant aux vœux des peuples. La France, revenant à la vie, reçut une nouvelle organisation toute bienfaisante. Les émigrés furent solennellement rappelés.«Il n'y a plus de partis, plus d'ordres privilégiés, il n'y a plus que des Français.» Tel était le langage du nouveau gouvernement. Las-Casas, profitant de cette mesure, vit cesser son exil et partit pour Paris; l'émigration l'avait ruiné, et la condition de son retour était la renonciation sous serment à tous droits passés ainsi qu'à toutes poursuites futures relativement à ses anciennes propriétés; mais il se retrouvait encore sur le sol natal, et respirait l'air de la patrie; ce que les ames élevées considèrent comme le premier de tous les biens.

Rentré, après dix ans d'absence, et devenu un nouvel être, il rapportait avec lui ses idées, ses vues particulières, les connaissances et les talens qu'il avait acquis. La situation personnelle, dans laquelle il se trouvait placé par suite de ses principes, le retint d'abord dans l'éloignement de tous les emplois publics;car son désir le portait à ne rien devoir qu'à lui-même; aussi rentra-t-il dans la carrière d'auteur.Il publia de nouveau l'*Atlas historique* auquel il donna des développemens beaucoup plus étendus que ceux qui avaient fait partie de la première édition publiée en langue anglaise, et cet ouvrage eut un succès extraordinaire. Également approprié à toutes les classes de lecteurs, il est aussi bien à la portée des enfans qu'à celle des hommes d'un âge mûr, convient également au maître et à l'élève, au savant et à l'homme du monde. Six ou sept années de la vie du comte se passèrent au sein de ces occupations de la manière la plus uniforme et la plus paisible, et on l'a souvent entendu dire à ses amis que cette époque avait été la plus heureuse de sa vie ; indépendant et libre de tout espèce de devoirs publics, il passait tranquillement ses jours , aimé et respecté d'un grand nombre de personnes distinguées.

Mais en France, les merveilles succédaient aux merveilles. Tranquille à l'intérieur, une administration juste et sévère portait l'État au plus haut degré de prospérité, tandis qu'au dehors, les victoires d'Austerlitz, Jéna, Friedland et la paix de Tilsitt entraînaient l'Europe.Le trône était relevé; de nouvelles institutions, conformes à l'esprit du siècle, avaient confondu les partis, et tous les hommes se rapprochaient, quelles qu'eussent été leurs opinions. Un Français se trouvait heureux et fier d'être français.

Quel est l'homme qui, ayant reçu de la nature un cœur noble et généreux, aurait pu rester étranger à tant de grands événemens, lorsque, surtout, chacun avait la faculté d'y prendre part. L'émulation se réveilla dans l'ame du comte, qui, plein d'admiration pour le chef du gouvernement, trouvait néanmoins difficile de concilier ses principes d'honneur avec le besoin qu'il éprouvait, de se rapprocher de celui qui avait porté si haut la gloire de la France. Une circonstance extrêmement favorable se présenta : le chef de la nation française déclara publiquement « qu'à l'avenir il considérerait comme mauvais Français ceux qui ne suivraient point ses bannières. » Las-Casas courut au-devant de Napoléon, et se voua à son service sans réserve et avec un sentiment d'amour et d'orgueil. « J'ai rempli, dit-il, les sermens de mon enfance ; j'ai rempli mes devoirs à l'égard de la dernière dynastie : elle n'existe plus ; nous revoyons un nouvel Hugues Capet ; nos ancêtres ne furent point entraînés par d'aussi justes droits et par le spectacle d'aussi grands événemens. Le héros moderne a élevé jusqu'aux cieux la renommée nationale. Ses exploits sont sans exemple ; il est l'objet du choix unanime d'un grand peuple dont il avait été reconnu le chef par toutes les nations et par l'autorité spirituelle qui a tout sanctionné. »

Il est remarquable, sous beaucoup de rapports, que la destinée du comte ait voulu que ce soit sous les bannières du pouvoir absolu qu'il fût initié à la connaissance des droits des nations. C'est pendant son exil, comme dévoué à un souverain exclus du trône et sur la terre classique des vérités sublimes enseignées par des Fox et des Whitbread, que Las-Casas parvint à la conviction pleine et entière de la légitimité de la nouvelle dynastie. Le caractère du comte était tel qu'il ne lui était guère possible de se prononcer à demi et de rester admirateur oisif des hauts faits qui couvraient sa patrie de gloire ; il chercha avec empressement l'occasion de les partager. Les armées françaises étaient loin de leurs foyers ; Napoléon, à leur tête, était dans la capitale de la monarchie autrichienne. Les Anglais, profitant de cette circonstance, attaquèrent Flessingue et se présentèrent aux portes de la ville d'Anvers. Alors la France présenta un noble spectacle ; les citoyens français coururent aux armes, et Las-Casas se trouva au nombre de ces bandes de volontaires, partis sans ordres de l'autorité, et seulement par amour pour la patrie. Le comte, qui venait d'abandonner sa retraite, laissant sa femme presqu'expirante pour courir à l'ennemi, reçut un emploi à l'état-major du Prince de Ponte-Corvo, actuellement Charles-Jean, Roi de Suède et de ses successeurs dans le commandement, le duc d'Istrie, et de Reggio. « N'ayant plus l'habitude des camps, j'ai disait-il, perdu bien du temps, il m'en reste peu, et j'ai néanmoins beaucoup à apprendre. » Chaque jour augmentait son ardeur : embarqué sur l'Escaut, il chavira deux fois et fut près de faire naufrage. Il entra des premiers dans Flessingue que les Anglais abandonnèrent quand ils s'y virent attaqués. L'Empereur Napoléon le récompensa par la clef de chambellan ; ceci eut lieu à l'époque du mariage de ce prince avec l'Archiduchesse Marie-Louise.

Las-Casas quitta l'armée pour la cour où il conserva intactes les qualités d'un caractère loyal, franc et sincère. Un jour que, sur ce terrain glissant, il s'exprimait avec chaleur au sujet des avantages de la constitution et de la législation anglaise, matière assez chatouilleuse, à l'époque dont nous parlons, un courtisan dit avec malice : Le comte est un chaud partisan des Anglais. « Oui Monsieur, répondit Las-Casas avec vivacité ; il est vrai qu'ici, dans ce palais, je défends les Anglais, mais lorsqu'il se montrent sur les frontières, j'y vole pour les combattre. Si chacun en faisait autant, il est probable que les deux nations vivraient en paix, l'une avec l'autre. »

Un emploi à la cour ne suffisait point au comte, et le seul titre de courtisan lui eût été insupportable s'il n'avait pas été possible de lui adjoindre quelqu'autre emploi, soit administratif soit militaire ; cette manière de voir était conforme à celle de Napoléon, qui, aimant beaucoup à réunir dans la même personne les fonctions publiques aux charges de la cour, le nomma, sur sa demande, maître des requêtes attaché au conseil-d'état, section de la marine ; service auquel il avait été destiné dès son enfance.

Quelques jours après cette nomination, l'Empereur, de son propre mouvement, lui donna une mission de confiance. Il reçut l'ordre de se rendre dans la Hollande, alors réunie à la France, pour y faire l'inspection et prendre possession de tous les objets qui pouvaient avoir quelques rapports avec la marine. Il reçut ensuite une seconde mission d'une importance égale à la première, et qui lui fut également conférée par le choix spontané de l'Empereur ; il s'agissait de la liquidation des dettes publiques des provinces Illyriennes. Le ministre des finances ayant observé que S. M. venait de nommer à cet emploi, un homme entièrement étranger, jusqu'alors, à ce département, reçut pour réponse : « Je suis heureux dans mes choix et ceux que je désigne sont propres à tout. »

Las-Casas justifia cette opinion ; car, au bout de six mois, toutes les liquidations relatives aux créanciers et aux pensionnaires de l'État furent terminées, et dans l'espace de cinq mois et demi, une masse considérable de réclamations de diverses natures furent également liquidées, à la grande satisfaction de toutes les parties intéressées ; ces liquidations étaient entamées depuis trois ans et n'avaient jamais pu être terminées, laissant les uns dans de grands embarras et les autres dans la misère.

A son retour à Paris, l'Empereur, toujours de son propre

mouvement, le chargea de visiter la moitié des départemens de l'empire et d'y prendre des renseignemens positifs sur les diverses institutions, les prisons , les hôpitaux , et les dépôts de mendicité. Il avait de plus , dans ses instructions, l'ordre de prendre des informations sur toutes les stations utiles à la marine ainsi que sur tous les objets relatifs à cette partie depuis Toulon jusqu'à Amsterdam.

La fin de cette mission eut lieu à l'époque du retour de Napoléon de la campagne de Moscou ; retour qui fut suivi de la déplorable campagne de Leipzig et bientôt après de l'entrée des ennemis sur le territoire français ; alors fut organisée la garde nationale de Paris, dans laquelle Las-Casas devint commandant en second de la dixième légion et bientôt son commandant en chef. Cette légion, animée du meilleur esprit, courut au-devant de l'ennemi sous les murs de Paris , combattit avec bravoure et fit des pertes considérables.

En sa qualité de membre du conseil-d'état, le comte fut appelé sur les rives de la Loire ; mais il se détermina à rester à son poste militaire ; et à peine eut-il connaissance de la capitulation qui venait d'être signée , qu'il remit le commandement à son successeur en déclarant, par écrit, que la légion étant désormais vouée au repos , il allait remplir d'autres devoirs.

Les alliés entrèrent dans Paris; le sénat prononça l'abolition du gouvernement impérial ; l'Empereur abdiqua, et alors reparut le Roi. La position du comte devint plus critique et plus bizarre qu'elle n'avait été soit avant , soit depuis son retour. Il s'était écoulé un long intervalle entre la défaite et le triomphe d'une cause à laquelle il avait sacrifié sa jeunesse et toute sa fortune : enfin les Princes qui avaient été l'objet de sa vénération, et pour lesquels il avait fait les vœux les plus ardens, venaient de rentrer en France. Las-Casas pouvait-il se promettre quelques avantages de ce nouvel ordre de choses? Oui sans doute ; personne même ne pouvait avoir d'espérances mieux fondées. Sa conduite, sous le gouvernement impérial, avait été telle, que ses anciens amis, revenus au timon de l'État s'empressaient de lui offrir de toutes parts ce qui était à sa convenance. « Oui , disait-il je me présenterai, mon devoir le commande ; mais tout ce qui se passe est d'une telle nature , que mes sensations ont besoin de repos et que j'ai moi-même besoin de leur accorder quelques jours de deuil. » Mais lorsqu'il se trouvait avec des amis intimes, il épanchait toute l'amertume dont son ame était remplie. « Ils sont de retour, disait-il, ces Princes qui , dès mon berceau, ont été les objets de mon amour et de mes vœux les plus ardens ; dont je ne prononçais jamais le nom sans ce respect auquel leur double caractère d'infortunés et de mes anciens maîtres, leur donnait des droits. Ils sont revenus dans leur patrie, mais si je dois l'avouer, ils n'ont plus de place dans mon cœur, car ils sont rentrés *par la brèche faite à l'honneur national.* »

Dans ces conjonctures difficiles, le comte déploya un patriotisme digne des temps héroïques; patriotisme auquel s'alliaient cette franchise, cette candeur et ces principes d'honneur des beaux jours de la chevalerie. L'état d'humiliation dans lequel la France se trouvait réduite, accablait sa grande ame. Sa fierté s'indignait des sentimens dont, à tout moment, il entendait autour de lui l'expression. « Servir le Roi, disait-il, le chérir et lui être fidèle; telles sont les nouvelles obligations imposées à tout sujet; mais désavouer celui qui l'a précédé dans le gouvernement de l'Etat, c'est trahir la cause et compromettre la sûreté et l'honneur de la nation. Qu'on y réfléchisse bien ! insulter celui dont nous avons causé la perte, l'abandonner, tout cela n'est ni plus ni moins que lui former une brillante auréole de toute la gloire des derniers temps, et nous charger seuls de la honte et de l'opprobre du passé. »

Le comte ne tarda pas à proclamer ces principes. Depuis le moment où, après l'entrée des alliés sur le territoire français, la plupart des autorités constituées et une foule d'individus s'empressaient d'accéder à l'arrêt de déposition que le sénat avait prononcé d'une manière si illégale, il refusa opiniâtrement de signer l'acte d'adhésion du conseil-d'état.

« Comment, disait-il, comment pouvez-vous, vous, conseillers-d'État, faire une semblable démarche ? Comment pouvez-vous donner votre assentiment à un acte que le nouveau souverain rejettera indubitablement ? Et en effet, ce monarque pourra-t-il reconnaître, concéder au sénat le droit de donner et de reprendre ainsi la couronne ? Indépendamment de cela, ne sommes-nous pas les serviteurs investis de la confiance du souverain qui s'est vu précipité du trône ? Dans notre position actuelle, nous est-il permis, sous quelque rapport que ce soit, d'exprimer des opinions ? Non ; nous ne devrions être animés que d'un seul sentiment, et si le nouveau venu entend bien ses propres intérêts, vous ne sauriez vous rendre plus recommandables à ses yeux qu'en montrant une inébranlable fidélité envers son prédécesseur. »

Quelques jours après le rétablissement de l'ancienne dynastie, le *Journal des Débats*, en rendant compte d'un écrit relatif à cet événement, nomma plusieurs nobles qui, la veille de l'entrée des alliés à Paris, réunis sur la Place Louis XV, avaient manifesté hautement leurs vœux en faveur du retour du roi et de la restauration de sa dynastie, et cita entre autres le comte de Las-Casas. Le comte se plaignit aussitôt de cette méprise; mais on refusa d'insérer dans ce Journal une réclamation qu'il voulait y consigner touchant cet objet. « Il est impossible, disait-il dans cet article, que j'aie concouru à un tel acte, car je commandais alors la dixième légion de la garde nationale. Des drapeaux opposés à ceux du Roi m'étaient confiés; j'étais lié par des sermens volontaires. Comment aurais-je pu les violer, moi qui considérais toujours une fidélité inébranlable comme le premier devoir de la vie ? »

Lorsque le Roi et les Princes s'occupaient de nommer les officiers de leur maison, plusieurs anciens Gardes-du-Corps de sa province se plaignirent au comte de se voir supplantés par leurs anciens camarades, et cela parce qu'ils n'avaient point émigrés, et le pressèrent de leur délivrer un certificat qui constatât que le manque de fortune seul les avait empêchés de prendre ce parti. Ils ne doutaient pas que le comte Las-Cases ne fût un ardent royaliste; ils ne furent donc pas peu surpris lorsqu'il leur répondit : « Épargnez-vous mes amis, épargnez-vous une semblable justification ; vantez-vous plutôt de n'avoir point abandonné votre patrie: le plus grand des crimes est de la quitter dans des intentions hostiles. Ce fut là une erreur de ma jeunesse, et je m'en repens encore chaque jour. Toutefois je fus induit à cette démarche par tant de bonne foi et de sincérité, qu'à l'exception de moi-même, nul n'est fondé à m'en faire un reproche. Il y a peu de tems, lorsque le gouvernement impérial existait encore, je n'aurais pu vous tenir ce langage, parce qu'il vous aurait paru suspect; mais aujourd'hui que je me trouve sous l'autorité du Roi, et que l'acte en question constituerait un titre à des récompenses, la profession de foi que je viens de vous faire est un soulagement pour mon cœur. »

Le torrent de troupes étrangères dont Paris étoit inondé, la domination que les alliés exerçaient en France, et les humiliations auxquelles son pays était chaque jour exposé, étaient pour le comte un spectacle déchirant qu'il ne se sentait plus même la force de supporter. Pour donner un libre cours aux chagrins qui le dévoraient, il fit un voyage en Angleterre; il n'y retrouva plus les plaisirs qu'il y avait jadis goûtés: tout lui parut changé; mais c'était en lui-même que le changement s'était opéré.

De retour à Paris, peu de tems après, Las-Casas se déroba aux regards du public, et s'occupa exclusivement de ses affaires personnelles. Il commençait à jouir de quelque repos, lorsque le 20 mars arriva. « La honte de la France est effacée se dit-il alors; sa gloire va tirer un nouvel éclat du retour de son héros et de cette sublime impulsion d'une grande nation qui s'est levée tout entière pour le recevoir. Le temps de son séjour à l'île d'Elbe a été un temps d'épreuves dont les résultats vont se développer. Le comte fut aussitôt nommé conseiller-d'état. Lorsqu'il remercia Napoléon, il en reçut pour réponse : « On m'a dit tant de bien de vous, que je ne pouvais en agir autrement à votre égard ; mais indépendamment de cela, j'ai éprouvé un véritable plaisir en vous nommant à cette place. »

Dans ce nouveau poste Las-Casas reçut de tous côtés des marques de bienveillance infiniment flatteuses pour lui. Dans presque tous les ministères, on lui proposa simultanément des emplois. Il fut d'abord question de lui confier une mission diplomatique en Angleterre ; ensuite on lui destina la place de commissaire impérial dans les départemens. On voulut aussi lui donner les préfectures de Rouen et de Metz. Enfin, il fut nommé président de la commission des pétitions, institution qui était alors d'une haute importance. Ce poste délicat, mais très-intéressant, ne pouvait tomber en de meilleures mains. Le zèle du comte, son attachement à Napoléon, son tact sûr à l'égard de tout ce qui était bon et utile, tels furent les moyens par lesquels il sut, pendant les cent jours, obtenir des milliers de signatures et gagner une infinité de cœurs.

Quand la fatale journée de Waterloo vint rouvrir l'abîme sous les pas de la France, Paris reçut, par le prompt retour de l'Empereur la première nouvelle de cette terrible catastrophe. Las-Casas s'empressa, de son propre mouvement, de reprendre ses fonctions de chambellan auprès de Napoléon. De quoi ne dépend pas quelquefois la destinée des hommes ! Cette demarche accidentelle décida du reste de sa vie. Sans cette circonstance, qui aurait pu lui faire prétendre à unir son sort à celui de l'Empereur ? Il ne pouvait raisonnablement aspirer à être préféré dans une occasion aussi solennelle. Nulles relations extérieures, nulle reconnaissance personnelle, nuls liens d'amitié n'eussent pu le justifier d'abandonner sa femme, ses enfans et son pays et de se livrer à un semblable dévouement.

A Ste-Hélène, l'Empereur ayant, un jour, tourné la conversation sur la position de ceux qui l'avaient accompagné, dit à Las-Casas : » Mais comment se fait-il, mon cher Las-Casas, que vous vous trouviez actuellement ici ? Sire, répondit le comte, mon étoile et l'honneur d'émigrer m'ont seuls conduit dans ces lieux ; je représente ici ceux des émigrés que votre majesté combla autrefois de ses faveurs. »

La renonciation de Napoléon suivit presqu'immédiatement son retour à Paris., et dès-lors il ne s'occupa plus que du projet de quitter la France. Las-Casas résolut de ne point se séparer de sa personne. Dans ces jours de l'adversité, son poste lui parut honorable et sacré. Profitant donc, dans les jardins de Malmaison, d'un moment où les devoirs de sa place lui offraient l'occasion d'une entrevue particulière avec Napoléon, il le pria de lui permettre d'unir à jamais sa destinée à la sienne. A cette proposition inattendue , l'Empereur le regarda depuis la tête jusqu'aux pieds, et d'un ton de voix doux et tranquille , lui adressa ces mots, « Mais savez-vous bien où ceci peut vous mener?—Je n'ai, répondit le comte, fait aucune espèce de calcul sous ce rapport; mais le plus ardent de mes vœux serait comblé si j'obtenais l'objet de ma demande. »

« Bien, bien ! » Telle fut la réponse de l'Empereur, et il n'ajouta rien de plus. Las-Casas vole à Paris , prend quelque linge , s'arrache des bras d'une épouse en pleurs , embrasse ses jeunes enfans, et retire son fils aîné du lycée; le lendemain il était déjà sur la route de Rochefort.

On sait que Napoléon, au moment de monter en voiture, écrivit au gouvernement provisoire qu'en abdiquant la souveraineté , il n'avait pas renoncé au droit le plus noble d'un citoyen , celui de défendre son pays ; qu'il connaissait parfaitement l'état des choses, et qu'il était certain, si on réclamait ses services, de battre l'ennemi de manière à donner ouverture à des négociations plus avantageuses; mais que même, dans l'hypothèse de la victoire, il n'effectuerait pas moins son voyage sans délai. » Il reçut un refus et gagna Rochefort avec sa suite, sans escorte et au milieu des acclamations d'une foule d'habitans qui se pressaient sur son passage. Sur tous les visages se peignaient le désir de conserver celui qu'on était sur le point de perdre , et la crainte de l'avenir. Les croiseurs anglais rendaient impossible le départ de Napoléon , et son séjour prolongé en France y eût inévitablement amené la guerre civile. Les généraux se rendirent en personne auprès de lui et le conjurèrent de se mettre de nouveau à leur tête; mais sa résolution à cet égard était irrévocable. « La guerre civile , répondit-il , serait désormais sans objet pour la France ; elle pourrait être de quelque utilité pour moi, mais cet avantage , je ne penserai jamais à l'acheter du prix du sang le plus pur ; c'est ce que je ne demande pas. Quant à vous, réservez-vous pour une meilleure cause. »

C'est dans ces circonstances difficiles et extraordinaires que le comte, accompagné des généraux Savary et Lallemand , se rendit deux fois à bord d'un croiseur anglais. Le commandant n'avait pas encore reçu les passeports nécessaires pour le transport de Napoléon aux Etats-Unis d'Amérique; il avait au contraire l'ordre de retenir les passeports des députés et de ne point respecter le pavillon de trève. L'officier anglais était, toutefois autorisé à recevoir Napoléon , et les personnes de sa suite, et à les conduire en Angleterre, si cela lui était agréable. Napoléon n'hésita pas un instant à accepter cette offre hospitalière qui, en le plaçant sous l'empire des lois positives, remplissait l'objet qu'il se proposait en Amérique. Il écrivit au

Prince Régent de la Grande-Bretagne une lettre à jamais mémorable, et se rendit à bord du *Bellérophon*. On sait tout le
reste.

Le pinceau de l'histoire pourra un jour peindre sous leurs
véritables couleurs, la magnanimité que déploya Bonaparte
dans cette occasion, et la bonne foi des ministres anglais.
L'histoire rappellera aussi peut-être la gloire, dont par leur
conduite, ils ont privé l'Angleterre, ainsi que l'immortel
triomphe qu'une conduite différente eût assuré à la législation
de ce pays. Leurs agens transférèrent l'illustre victime du *Bellérophon* au *Northumberland*, visitèrent ses effets, enlevèrent
le peu de numéraire qu'il possédait, désarmèrent les personn-
nes de sa suite et réduisirent à quatre le nombre de celles à
qui il fut permis de l'accompagner. Las-Casas faisait partie de
ces dernières. Un grand nombre d'individus avait jusques-là
suivi l'Empereur. Le moment de la séparation présenta un
spectacle aussi solennel que touchant. Lorsque Napoléon sortit
de sa chambre pour se rendre sur le pont du vaisseau qu'il
allait quitter, il se vit entourré de serviteurs fidèles que
l'on forçait à l'abandonner; ils embrassaient ses genoux et
fondaient en larmes. On lisait dans les traits de ceux à qui on
accordait le bonheur de suivre l'Empereur, le plaisir qu'ils en
ressentaient. A cette vue Las-Casas, se tournant vers lord
Keilh, amiral de la flotte du Canal, lui dit : « Vous le voyez,
milord, il n'y a que ceux qui ne sont pas du voyage, qui
pleurent. »

Le comte a fait une relation exacte de toutes ces circonstances. Le ton de modération et de réserve qui règne dans
cette production, ainsi que le rang de l'auteur et la part
qu'il a prise à tous les événemens qu'il décrit, forment de l'ouvrage un document historique très-important.

La traversée de Napoléon, d'Europe à Ste-Hélène, a offert
pendant plus de deux mois qu'elle à durée, un spectacle unique en son genre, et a fourni en même temps, à celui qui observe
les hommes et leurs destinées, d'amples matières à réflexion.

Napoléon était descendu sans gradation du trône à la prison,
il se trouvait jeté au milieu d'ennemis aigris par vingt ans de
haine, par des frayeurs et de défaites, et que toutes sortes de
libelles répandus avec profusion, avaient aveuglés et préveuus
contre lui. A bord du *Northumberland*, chacun s'attendait à
voir dans le prisonnier plutôt une bête sauvage qu'un être humain. Mais quel fut l'étonnement de tous lorsqu'ils eurent l'occasion de juger par eux-mêmes de leur illustre captif. Les Anglais ne pouvaient se lasser de parler de l'agrément et de l'aisance
de ses manières, du charme de sa conversation, de son enjouement et de l'imperturbable égalité de son caractère. Bientôt il leur

parut aussi un grand homme; ils ne pouvaient en outre s'empêcher de témoigner l'intérêt particulier que leur inspiraient
les quatre Français qui s'étaient attachés volontairement et
avec joie au sort de leur maître infortuné et semblaient rivaliser
de soins et d'égards, pour sa personne. Dans le fait, parmi tous
ces ennemis aigris et prévenus contre lui, il ne s'en trouva,
pas un seul qui, pendant le voyage ne lui témoigna de toutes
les manières, du respect, de la compassion et même de l'attachement.

Des quatre personnes qui accompagnaient l'Empereur,
Las-Casas était sans doute celui qu'il connaissait le moins, et
on peut dire même que le comte lui était presque étranger;
mais en peu de temps d'heureuses circonstances placèrent
Las-Casas sur le même pied des trois autres, et peut-être
fut-il le plus utile de tous.

Il avait habité long-temps la Grande-Bretagne. Il pouvait par conséquent parler des lois et des mœurs de ce pays,
et en même temps servir d'interprète pour la langue anglaise.

Ayant servi dans la marine, il pouvait répondre aux questions relatives à l'état du vaisseau, de la mer, des vents et
à la direction du voyage.

Il avait été reçu dans les maisons les plus distinguées, et
dans les meilleures sociétés.

Auteur de l'*Atlas historique*, il était en état de fixer des
points d'histoire et d'en déterminer les différentes époques.

Il avait été membre du conseil-d'état. Sous cet autre rapport, il était versé dans l'administration, accoutumé au travail et capable de dresser des comptes.

Enfin, il avait été élevé à l'école militaire de Paris, quelques années avant Napoléon, il est vrai, mais sous les mêmes
maîtres et parmi les mêmes compagnons d'études. Ainsi, il y
avait presque identité de temps, d'objets, et de souvenirs et
on connaît assez quel est le pouvoir de l'influence de ces sortes d'impressions.

En conséquence, le comte jouit, dès le moment de son
entrée dans le vaisseau, de l'intimité de l'Empereur. Cette
intimité s'augmentait chaque jour; et pendant la traversée,
Napoléon commença à lui dicter, de mémoire, une relation de
ses campagnes d'Italie.

Arrivé à Ste-Hélène, le comte eut, pendant deux mois,
l'avantage d'habiter seul, avec Napoléon, sous le même toit,
et de passer une partie de la journée dans le même appartement. Le peu d'étendue de l'emplacement qui avait été d'a-
bord destiné pour la résidence de l'Empereur, ne permettait
pas d'y recevoir un plus grand nombre de locataires.

Lorsque la résidence de Napoléon fut transférée à Longwood, sa confiance en Las-Casas était fortement enracinée, et la société du comte , devenue déjà pour lui une affaire d'habitude. Les leçons de langue anglaise que lui donnait Las-Casas , les promenades solitaires qu'ils faisaient fréquemment ensemble , et des nuits entières passées auprès de Napoléon , tout contribuait à leur inspirer une confiance mutuelle ; et on peut dire avec raison, que personne, pas même les membres de la famille de l'Empereur , n'a eu autant d'occasions de le connaître à fond et de le comprendre , que celui qui , pendant dix-huit mois, l'a observé de près et dans les rapports de sa vie privée. Ce n'était pas seulement du consentement, mais encore avec l'assurance de la satisfaction particulière de l'Empereur, que ce zélé serviteur se chargea de lui rendre compte par écrit, tous les soirs, de ce qu'il avait vu , ou de ce qui lui avait été confié dans le courant de la journée.

L'utilité dont le comte était pour Napoléon, la correspondance dont on savait que le premier s'occupait, et la manière hardie et fière avec laquelle il s'exprimait dans ses lettres pour l'Angleterre , touchant l'indigne conduite que l'on tenait, à Ste-Hélène , à l'égard de l'Empereur , l'exposèrent à une surveillance plus rigide , à des menaces personnelles, et à des persécutions de la part du gouverneur.

Sir Hudson Lowe le menaça, s'il continuait à écrire du même ton , en Europe, de l'éloigner de Napoléon, et de le faire transporter au cap de Bonne-Espérance. Peu après , il lui retira un individu du pays, qui le servait comme domestique, et cela sous le prétexte que cet homme s'était rendu suspect. Au bout de quelques jours, ce dernier trouva le moyen de se présenter chez Las-Casas , malgré les obstacles qu'il fallait surmonter pour approcher de Longwood, et, d'un air de mystère lui demanda s'il avait des commissions pour Londres, où il déclara vouloir se rendre. Le comte lui confia des lettres qui, d'abord, étaient destinées à être remises entre les mains du gouverneur , mais qu'il avait retenues à cause des menaces de ce dernier. A peine quelques heures s'étaient-elles écoulées que, soit par trahison , soit par accident, ces papiers se trouvaient déjà au pouvoir de sir Lowe. En présence même de l'Empereur, Las-Casas fut arrêté et entraîné. Les portes de son appartement furent enfoncées de vive force, ses effets visités et tous ses papiers saisis. Lui-même fut étroitement séquestré.

Les journaux de tous les pays ont rendu compte des souffrances excessives et des persécutions sans nombre qui , dès ce moment, furent le partage du comte. A la suite de son éloignement de Longwood , il fut tenu pendant cinq semaines en charte privée à Ste-Hélène. De là on le transporta au cap de Bonne-Espérance, à 5oo milles de distance de l'île, où il fut forcé de rester comme prisonnier, pendant huit mois, au mépris des dispositions les plus sacrées des lois anglaises. Dangereusement malade, il fut jeté dans un bâtiment de deux cent trente tonneaux, monté de douze hommes d'équipage. Toujours traité comme prisonnier, il fut obligé d'endurer toutes les fatigues d'un voyage de près de cent jours.

A son arrivée dans la Tamise, un agent subalterne de la police anglaise, saisit tous ses papiers, refusa d'en dresser l'inventaire et l'envoya comme prisonnier sur le continent. On le traîna mourant à travers le royaume des Pays-Bas ; et il ignorait encore, lorsqu'il le quitta, si on lui ôterait ses chaînes ou si son état de détention se prolongerait au-delà des frontières de la Belgique. Si on avait à lui imputer quelque crime, le traiter de la sorte n'était pas un châtiment suffisant ; mais si sa conduite était à l'abri du reproche, ces persécutions et cette punition étaient réellement des plus cruelles.

Le flot britannique, qui avait amené de si loin et porté si long-temps le comte de Las-Casas, s'arrêta enfin de l'autre côté du Rhin ; c'est à Francfort que la vague anglaise vomit sa victime, exténuée des suites d'une détention de treize mois et des fatigues d'un voyage de cent trente jours, à travers un espace de 5oo lieues de France, et cela au moment où des infirmités corporelles, des chagrins et des sensations violentes avaient déjà presque mis fin à son existence. La santé du comte ne se rétablira jamais de l'épreuve terrible à laquelle elle a été exposée. Ses souffrances ont fait naître des infirmités qu'il emportera au tombeau. « La main de mon bourreau de Ste-Hélène et du cap de Bonne-Espérance, s'écriait-il souvent dans l'excès de ses maux, me conduira au tombeau avant le temps. »

Aussitôt après son arrivée à Francfort, Las-Casas réclama la protection de l'Autriche. « Sire, disait-il à l'Empereur, celui qui, grand dans toutes les circonstances, écrivit, du haut du rocher de misère, ces nobles mots qui ont exalté mon cœur « : En quelque lieu que vous puissiez aller, vantez-vous de la fidélité que vous m'avez montrée, » m'a donné des titres à la bienveillance de tous les Rois. Sire, je me mets sous la protection de V. M. I. »

Le comte obtint immédiatement l'objet de sa demande, et depuis lors il n'a plus été inquiété.

A peine Las-Casas avait-il fixé sa résidence à Francfort, qu'il reçut de tous côtés des témoignages du plus vif intérêt, d'une active sympathie, et des offres de tous genres qui avaient pour objet d'adoucir et d'alléger ses peines. Petits et grands, habitans ou étrangers, tous les hommes généreux, se pressaient autour de lui pour contempler cet homme que son caractère élevé et magnanime, seul, avait réduit dans un si déplorable état.

Le comte refusa toutes les visites et toutes les offres, et se retira dans une solitude où il put se livrer au deuil et aux peines de l'ame.

« Loin des politiques, disait-il, et en n'écoutant que les sentimens d'une affection personnelle, je consacrerai mes derniers momens à m'efforcer de faire passer quelques consolations sur ce roc terrible ; que l'on me laisse remplir en paix ce devoir sacré, et je m'estimerai heureux ; je ne demande qu'à être le mendiant Bélisaire. »

Le héros du siècle, Napoléon, aussitôt que le comte eut été arraché d'auprès de sa personne, lui donna de sa propre main un témoignage écrit qui le place au rang de ceux qui, par leur constance, leur inviolable fidélité et les vertus morales, ont fait l'ornement de l'humanité. Les papiers publics ont donné des extraits de cette pièce qui fait autant honneur au grand homme qui l'a écrite, qu'elle doit paraître flatteuse au fidèle serviteur pour qui un semblable titre est une récompense éternelle. Nous en extraitrons les passages suivans : « Mon cher comte Las-Casas, y est-il dit, mon cœur sent vivement ce que vous souffrez depuis que l'on vous a arraché d'auprès de moi.

» Votre conduite à Ste-Hélène, a été, comme toute votre vie, pleine d'honneur et sans reproche ; ce m'est un plaisir de vous le dire.

» Votre société m'était devenue nécessaire. Combien de nuits n'avez vous pas passées à mes côtés pendant ma maladie ! !

» En quelque lieu que vous alliez, vantez-vous de la fidélité que vous m'avez montrée et de l'affection que je vous porte.

» Si quelque jour vous revoyez ma femme et mon fils, embrassez-les ! ! !

. » Comme tout fait supposer qu'il ne vous sera pas permis de me voir avant votre départ, recevez ici mes embrassemens et l'assurance de mon estime et de mon amitié. Adieu ! »

Nous terminons ici cette esquisse biographique, qui, dans un cercle étroit, retrace un tableau de vicissitudes et de situations morales dans lesquelles la constance et d'autres vertus mâles ont été mises à de rudes épreuves. Las-Casas, à son entrée dans le monde, débuta sur le théâtre du superflu et des grandeurs. De là, il se vit précipité parmi la foule et même jusques dans l'abîme de la misère et du besoin ; mais avec du courage, de l'activité et du travail, il sut sortir de cette situation. Du charme et des attraits de la vie privée, il passa par une transition brusque aux soucis, aux embarras et aux inquiétudes de la vie publique ; et du faîte de la félicité, il se vit enfin plongé dans un abîme de malheurs que l'imagination humaine ne peut se représenter qu'avec effroi. Telles sont les circonstances qui ont caractérisé une vie remarquable par les vicissitudes de la fortune et par des épreuves dont Las-Casas sortit constamment avec honneur et sans reproche. On a souvent entendu dire au comte qu'il ne se repentait d'aucune des circonstances de sa vie; que tout ce qu'il regrettait, c'était de n'en avoir pas toujours tiré un parti sage, de ne point en avoir profité; mais qu'il pouvait attester avec une sorte d'orgueil qu'aucune de ces circonstances n'affectait ni sa conscience ni son cœur.

Une grande douceur de caractère, de l'honnêteté, un cœur sensible, des manières engageantes, et le fonds que l'on pouvait faire sur lui dans la société, telles étaient les qualités qui, dans les différentes périodes de sa vie, dans tous les emplois qu'il occupa, dans toutes les situations, lui acquirent des amis tendres et affectionnés et inspirèrent en sa faveur des sentimens de bienveillance à tous ceux avec lesquels il avait eu des relations publiques et privées.

En 1814, lors de la catastrophe de la France, on lui donna à entendre par des communications, tant écrites qu'orales de la Hollande et de l'Illyrie, où il avait été pendant quelque temps chargé de missions par l'Empereur, qu'au cas où les malheurs de son pays viendraient à le toucher personnellement, il possédait un asile et des droits en pays étranger.

La conversation privée du comte est facile, agréable, convaincante, variée et instructive; mais dans un cercle de plusieurs personnes, il lui est impossible de suivre une discussion régulière et de soutenir une thèse quelconque. Ceci, joint à un manque de confiance en lui-même et à un grand fonds de réserve, lui fit manquer l'occasion de faire une brillante fortune; occasion que le hasard lui avait offerte et qu'il ne dépendait que de lui de saisir; ce qu'il apprit par la suite de la meilleure source.

On peut dire que les qualités auxquelles il est redevable de tous les avantages dont il jouit dans le cours de sa vie, furent son propre ouvrage. Il s'était constamment appliqué à former et à perfectionner son caractère moral; à exercer son jugement par l'analyse et l'examen des questions compliquées; à se prémunir contre les préjugés, par la réflexion et la recherche de la vérité; et, par-dessus toutes choses, de tenir son imagination dans une constante activité en la dirigeant sur des objets élevés et utiles. Une ame noble, un cœur aimant, une sorte d'enthousiasme pour tout ce qui était bon et une certaine teinte romantique, tels furent de tout temps les principaux véhicules de sa vie.

Mais son magnanime attachement pour Napoléon efface et place dans l'ombre les autres belles actions du comte, et transmettra sans doute son nom à la postérité. Tous les partis s'accordent à regarder comme héroïque, étonnante et sublime sa conduite dans cette occasion, et à lui décerner le nom de martyr du dévouement, de modèle de la fidélité. Pendant sa détention au cap de Bonne-Espérance, il trouva un jour sur son pupître des vers anonymes dont le rhythme décelait peut-être l'origine étrangère, mais qui exprimaient des sentimens que tout le monde partagera certainement. Voici ces vers :

> Digne héritier des vertus de ton nom,
> De Las-Casas imitateur fidèle,
> Lui d'un peuple opprimé fut l'ardent champion,
> Toi, d'un nouveau Richard, te montre le Blondele.

On distinguait encore dans Las-Casas un parfait désintéressement, une complète abnégation de soi-même, et une confiance presqu'aveugle dans la droiture et la sincérité des autres. Cette dernière qualité lui attira à Longwood le reproche qu'il n'était pas toujours aussi innocent et aussi crédule qu'un enfant.

Le comte a plusieurs enfans ; son épouse descend de la famille des Kergarion, l'une des premières de la Bretagne et l'une des plus célèbres dans l'histoire de France. Lorsqu'elle apprit la déportation de Napoléon au rocher de Ste-Helène, ni la longeur, ni les dangers, ni les fatigues du voyage, ni la faiblesse de sa constitution, ni le soin de ses enfans ne purent la détourner de l'héroïque résolution de partager les souffrances de son mari. Elle sollicita avec instance auprès du gouvernement anglais la permission d'aller le rejoindre. Le refus qu'elle éprouva fut une faveur signalée du ciel ; car elle eût quitté l'Europe dans le temps même que le comte était déporté de Ste-Helène. A combien de fatigues et de souffrances n'a-t-elle pas échappé !

Las-Casas a reçu de l'empereur deux présens intéressans. Le premier est un étui de camp dont Napoléon l'honora à Briars, lors de son débarquement à Ste-Helène, en lui disant : « Je me suis servi de cet étui la veille de la bataille d'Austerlitz. » Le second objet, non moins historique dans son genre, est une paire d'éperons qu'il reçut de l'Empereur à Lodgwood. En les lui donnant, Napoléon demanda au domestique dans quelle occasion il les avait portés. « Sire, répondit le domestique, dans la campagne de Dresde et dans celle de Camp-Aubert. » Quelle valeur n'auront pas un jour ces objets aux yeux de la postérité !

Las-Casas a publié plusieurs ouvrages et fait différens mémoires sur des matières d'administration, savoir :

L'*Atlas historique*, dont nous avons déja parlé, ouvrage qui reçut un accueil distingué du public. Il eut dans le tems un grand débit ; il comprend tous les pays, tous les tems, toutes les opinions et toutes les classes de la société, et forme, pour ainsi dire, à lui seul, toute une bibliothéque. Il sert de manuel au négociant, au professeur, au savant et à l'homme du monde. Lorsque Napoléon apprit, à bord du vaisseau anglais, à son arrivé à Ste–Hélène et par les étrangers qui passaient dans l'île, que *l'Atlas historique* était universellement connu, il se reprocha d'avoir jusqu'alors si peu connu cet ouvrage. Il le lut popr la première fois attentivement pendant la traversée. A Longwood, il le compulsait fréquemment et ne le fermait jamais sans ajouter : Quelle admirable collection ! quels détails ! quelle magnifique revue ! « Votre ouvrage, disait–il un jour ou comte, a eu beaucoup de succès, mais je lui en aurais procuré un bien plus grand si je l'eusse connu à fond. »

Nombre de rapports et de mémoires sur divers objets d'administration. Partout on y découvre l'esprit d'un homme d'État éclairé et d'un bon citoyen. Ces mémoires furent d'abord remis au cabinet de l'Empereur et ensuite renvoyés aux différens ministères. Voici les plus importans de ces rapports :

Rapport sur la mission en Hollande. Exposé des diverses branches de l'administration, et particulièrement de tous les détails de la marine, ses ressources, ses améliorations, etc. etc.

Mémoire sur l'organisation de la marine matérielle et personnelle de l'empire, système de guerre à adopter dans les circonstances politiques du moment, 1810.

Rapport sur la mission en Illyrie, sur la liquidation de la dette et les diverses branches de son administration, leur amélioration, etc., 1811.

Mémoire sur la création d'une marine dans l'Adriatique, l'exploitation des immenses forêts Illyriennes, et la certitude de régner en peu de temps dans cette mer et les parages adjacents, etc.

Rapport sur les dépôts de mendicité de l'empire, les prisons publiques, les maisons de correction, leur amélioration, etc., 1813,

Le journal exactement tenu de tout ce que Napoléon, dit, à Ste· Hélène, pendant dix–huit mois; ses conversations publiques et privées, etc. Ce journal est encore entre les mains des autorités anglaises. La valeur d'un semblable document est toute dans la nature et dans la véracité de son contenu. L'histoire le réclame, et on espère que ce ne sera pas en vain.

Lettre du comte de Las-Casas à Lucien Bonaparte, contenant le détail exact du voyage de Napoléon à Ste-Hélène, de son séjour, de son genre de vie dans cette île, et du traitement qu'il y a reçu.

OBSERVATIONS PRÉLIMINAIRES.

Tous les journaux de l'Europe ont annoncé la découverte d'une correspondance secrète, par suite de laquelle le comte de Las-Casas, ex-conseiller-d'état en France, et chambellan de l'Empereur, faisant partie du petit nombre de serviteurs fidèles qui ont accompagné Napoléon à Ste-Hélène, avait été d'abord transporté de cette île au cap de Bonne-Espérance, puis envoyé en Europe. Cette correspondance secrète, découverte par sir Hudson Lowe, gouverneur de cette île, consistait en une lettre adressée au prince Lucien Bonaparte, à Rome, et dans laquelle Las-Casas lui faisait la relation exacte et authentique du voyage de Napoléon à Ste-Hélène, de son séjour dans cette colonie, de son genre de vie, et du traitement qu'il y recevait. Les Anglais se sont emparés de l'original de cette lettre, lequel se trouve encore entre les mains du gouverneur, si toutefois celui-ci ne l'a pas fait parvenir au ministère.

L'auteur en a néanmoins sauvé une copie qui se trouvait dans ses papiers, et il a eu le bonheur de pouvoir l'apporter en Europe. C'est donc pour la première fois que ce document remarquable, traduit du français, va être mis sous les yeux du public. Le traducteur a eu l'avantage de travailler sous les yeux de l'auteur lui-même. Nous avons en conséquence tout lieu de croire que cette production, telle que nous la donnons ici, si l'on en excepte quelques objets d'un intérêt secondaire, correspond exactement avec l'original, dont la découverte a attiré sur son auteur tant de vexations et de souffrances. Quelques passages seulement, qui ne se trouvaient point dans la copie, ont été ajoutés de mémoire.

Pendant les cent jours, le comte avait rempli les fonctions de chambellan auprès du prince Lucien. Lorsque l'Empereur, terminant sa carrière politique, et renonçant pour jamais à tout projet d'ambition, résolut de fixer son séjour dans les États-Unis d'Amérique, Las-Casas fut du nombre de ceux qu'il choisit pour l'accompagner. Celui-ci accepta cet honneur avec empressement ; car il s'était décidé à ne plus se séparer de l'homme pour lequel il éprouvait tant d'admiration et un si vif attachement. Mais le destin en avait autrement décidé ; la force seule réussit à détruire des projets si chers à son ame, et produits par sa libre volonté ; la force ne tint aucun compte de l'inviolable fidélité qui attachait un serviteur à son ancien maître, à son ancien souverain , qui lui paraissait plus grand encore dans ses malheurs que dans l'éclat de ses triomphes ; on n'eut aucune considération pour ce dévouement généreux qui méritait une autre récompense. L'infortuné Las-Casas s'était séparé d'une épouse dont il était tendrement chéri, de ses enfans qu'il adorait, pour suivre, à mille lieues de sa patrie, l'homme auquel il n'était attaché par aucun intérêt pécuniaire, mais auquel il était dévoué de cœur; et lorsqu'on fut heureusement parvenu au terme d'un long et périlleux voyage , lorsqu'on avait atteint le lieu du repos, et que le comte pouvait se livrer tout entier aux sentimens dont il était rempli, il s'est vu tout-à-coup arraché à celui pour lequel sa société était devenue un besoin.

Peut-être , lorsque Las-Casas quitta Lucien pour accompagner Napoléon à Rochefort , lui donna-t-il l'assurance consolante qu'il lui ferait part de temps en temps de ce qui arriverait à son frère en pays étranger. A peine était-on descendu dans cette île si éloignée de tout continent, et battue par les vagues écumantes au milieu de l'immense océan, que les fidèles compagnons d'infortune de l'ex-Empereur se virent contraints de signer un écrit par lequel ils s'engageaient à n'entretenir aucune correspondance secrète qui eût pour bût de faciliter l'évasion de Napoléon. Dans le cas où quelqu'un d'entre eux serait découvert dans la tentative d'un pareil acte, il devait être puni par sa prompte séparation d'avec un maître bien-aimé, et son renvoi en Europe. Ils étaient tous tellement attachés à Napoléon , que rien ne pouvait leur paraître plus rigoureux que cette séparation ; car ils supportaient volontiers avec lui tous les maux attachés à leur situation , partageant à ses côtés la triste monotonie d'une vie d'anachorète dans cette île inhospitalière et renonçant volontairement aux plaisirs et aux agrémens du monde. Les jours, les semaines, les mois, les années s'écoulaient sans que rien vînt interrompre l'ennui de cette solitude ; il n'arrivait dans l'île aucune nouvelle d'Europe ; on s'estimait heureux quand on pouvait trouver par hasard dans une couple de journaux anglais que l'on parvenait à se procurer de temps à autre, quelques détails relatifs aux chers objets que l'on avait laissés si loin de soi ; mais la lecture de ces papiers même ne tarda pas à faire connaître que toutes les particularités relatives à Napoléon, avaient été cruellement dénaturées ; qu'on n'avait cessé de travailler à substituer aux faits réels les plus odieux mensonges, et qu'on laissait un libre cours aux vengeances de l'esprit de parti , et aux plus grossières calomnies. Quant à Napoléon lui-même , il ne démentit jamais cette rare tranquillité d'ame qu'il a toujours su conserver, même au mi-

lieu des combats, à l'aspect de tant de preuves de cette lâchet
qui se plaît à fouler aux pieds l'homme abattu ; il avait as‑
sez souvent eu lieu d'apprendre à mépriser les hommes, et sur‑
tout les grands ; ce qu'il éprouvait dans cette dernière cir‑
constance ne fit que l'affermir dans son opinion. Mais ses
compagnons d'infortune furent tous également furieux, en
voyant, chez les uns cette persévérance dans l'hypocrisie,
la calomnie et l'ingratitude, et chez les autres assez de per‑
versité pour pouvoir jouir des outrages dont on accablait ce
lion enchaîné, si redoutable quand il était libre.

Las-Casas s'était occupé à rédiger un mémorial dans lequel
il avait scrupuleusement tenu note de tout ce qui était arrivé
à Napoléon et à ses compagnons, depuis leur départ de France.
Il y avait consigné dans le plus grand détail tout ce que faisait
et disait chaque jour l'ex-Empereur ; les choses y étaient rappor‑
tées avec la plus grande simplicité, ce qui était le plus sûr
moyen de mettre à découvert la fausseté des récits inventés
par la haine et la malignité. Mais hélas! lorsque l'esprit de parti
triomphe, le démon de la persécution peut s'acharner sur une
proie à laquelle il ne reste aucun asile ; le champ est ouvert à
la calomnie, et fermé à ceux qui voudraient la repousser. Le
mémorial dont il s'agit, est parvenu en Europe ; mais on a eu
soin d'en dérober la connaissance au public. Peut-être a-t-on
craint de fournir à l'opinion générale l'occasion de s'exprimer
hautement sur ce sujet. La tromperie ne peut soutenir le grand
jour.

Napoléon a laissé loin derrière lui, une bonne mère, une
tendre épouse, un fils qui donne les plus hautes espérances,
des frères, des sœurs, beaucoup d'autres parens et d'amis.
Fallait-il les condamner tous à la plus cruelle incertitude tou‑
chant le sort de celui auquel ils étaient attachés par les liens
de l'affection et de la gratitude, et dont la situation cruelle doit
leur avoir été doublement pénible? N'aurait-on pas dû au moins
permettre qu'ils fussent instruits du véritable état des choses,
qu'on faisait tant d'efforts pour cacher aux yeux du monde,
état de choses tellement dénaturé par de faux rapports, qu'à
cet immense éloignement, il était impossible de distinguer
la vérité du mensonge? L'homme que l'on avait presque déifié
dans le temps de sa prospérité, se voyait inhumainement in‑
terdire jusqu'aux communications les plus innocentes avec sa
famille. Las-Casas, en qui cette conduite révoltante excitait la
plus profonde horreur, parut alors se rappeler la promesse qu'il
avait faite à Lucien Bonaparte en quittant la France. Une oc‑
casion aussi favorable qu'inespérée s'offrit tout-à-coup pour
faire passer son mémoire en Europe, et il n'hésita point à en
profiter.

Un domestique anglais d'origine , que le comte avait pris à son service à Ste-Hélène , devait s'embarquer sur le premier navire qui ferait voile pour l'Angleterre. Il se chargea de remettre exactement la lettre qui lui fut confiée avec les plus grandes précautions. Le comte de Las-Casas ignore jusqu'ici par quels moyens sir Hudson Lowe sut déjouer tous ses efforts , et s'emparer de cette lettre. La finesse connue du gouverneur peut lui avoir fait découvrir l'existence de cet écrit, et il se peut qu'on l'ait enlevé de force au porteur, à l'instant où il montait à bord : peut-être aussi le domestique anglais avait-il été chargé de s'insinuer par tous les artifices possibles dans la confiance de son maître, et de l'engager à suivre le plan projeté par le gouverneur, afin de le trahir ensuite. Quoi qu'il en soit, depuis lors Las-Casas n'a plus entendu parler de cet homme. La dernière conjecture paraît être la plus vraisemblable, et peut-être le gouverneur n'avait-il en vue que de trouver une occasion qu'il guettait depuis long-temps , pour séparer par force de Napoléon un homme qui lui était attaché du fond du cœur, et que ses connaissances et son instruction lui rendaient si utile. Car , suivant l'opinion de Las-Casas, toutes les démarches du gouverneur anglais à Ste-Hélène n'ont pour but que de tourmenter son prisonnier par tous les moyens qui sont en son pouvoir , et de lui faire boire jusqu'à la lie, le calice d'amertume.

La lettre adressée par le comte à Lucien Bonaparte , était le corps de délit, par la découverte duquel le gouverneur se croyait autorisé à laisser tomber tout le poids de sa vengeance sur l'homme qui était devenu l'objet de sa haine particulière , à raison de l'attachement qu'il n'avait cessé de montrer pour Napoléon, et de la résistance qu'il avait constamment, quoique sans s'écarter des lois de la prudence, opposée à ses prétentions. Dans tous les cas, la découverte d'une correspondance politique secrètement entretenue, par un individu de la suite de l'ex-Empereur , et ayant pour objet l'évasion de Napoléon de l'île Ste-Hélène , pouvait seule autoriser le gouverneur Lowe à faire partir l'auteur de cette transgression, et à l'envoyer en Europe ; mais il fallait davantage pour assouvir la soif de vengeance dont cet homme était dévoré. Le comte de Las-Casas, enlevé par force de Longwood, fut traité comme prisonnier , gardé comme criminel , et au bout de quelque temps, transporté de Ste-Hélène au cap de Bonne-Espérance , comme étant la colonie anglaise la plus voisine; il y resta plusieurs mois fort avant dans l'intérieur de la contrée habitée par les Hottentots, dans une réclusion solitaire et rigoureuse, éloignée de la ville du Cap, et de toute société civilisée , jusqu'à ce qu'enfin, après lui avoir fait

essuyer tant d'ennui et de persécutions, on jugea convenable
de le jeter à bord d'un petit bâtiment frêté pour l'Europe. Toutes ces circonstances se retrouvent d'une manière beaucoup plus
détaillée, dans les Mémoires authentiques du comte de Las-Casas, que l'on a vus ci-dessus.

Le comte réussit, quoiqu'avec beaucoup de peine, à dérober
aux yeux d'argus du commandant anglais et de ses gardes, grand
nombre de papiers et de manuscrits plus ou moins importans,
mais qui présentent un grand intérêt historique, et à les dé-
poser en sûreté à bord du navire destiné à le conduire en Angleterre. Mais à peine ce bâtiment était-il entré dans la Tamise, que des agens de police, par ordre exprès de lord Bathurst, et munis de ses instructions secrètes, s'emparèrent de son
portefeuille, de ses livres, de sa correspondance, et en général de tous ses papiers. Il s'y trouvait entre autres la copie
de la lettre adressée à Lucien Bonaparte, et datée de Longwood, que nous plaçons ici sous les yeux de nos lecteurs pour
les mettre à même de fixer leur opinion, et qui, dans cette circonstance, se trouva, pour la seconde fois, sur le point d'être
détruite, ou du moins soustraite à toute publicité.

Las-Casas fut forcé de laisser tous ses papiers entre les mains
des agens anglais, qui lui permirent toutefois d'y apposer son
cachet. Du reste, il ne lui fut point permis de mettre pied à
terre ; lui, et son fils âgé de 18 ans, qui, à Ste-Hélène et
au cap de Bonne-Espérance, ne l'avait pas quitté un seul instant,
furent conduits à bord d'un autre navire, et débarqués à Ostende, où le comte fut remis sous la garde des autorités des
Pays-Bas. Tandis qu'il se trouvait sur la Tamise, il essaya,
mais inutilement, d'obtenir la permission de passer aux États-
Unis d'Amérique.

On a vu, dans tous les journaux, que le comte de Las-Casas,
lorsqu'il remit pour la première fois le pied sur le continent
d'Europe, fut escorté comme un criminel d'état à travers tout
le royaume des Pays-Bas, sous la surveillance continuelle de
la police, sans qu'il lui fût permis de s'arrêter dans une seule
ville, malgré le mauvais état de sa santé, altérée par tant de
malheurs. Arrivé sur les frontières des ce royaume il fut remis
aux autorités prussiennes, qui l'escortèrent de la même manière jusqu'à Francfort-sur-le-Mein, où, après de si longues
persécutions, il a trouvé enfin, sous la protection de l'Autriche,
un asile assuré contre toute vexation ultérieure.

Ce fut à Francfort qu'il rentra en possession du manuscrit
dont nous avons offert la traduction au public. M. Lamb,
envoyé d'Angleterre auprès de la diète et de la ville de Francfort, avait été chargé par son gouvernement de rendre au
comte de Las-Casas tous les papiers qu'on lui avait pris tan-

dis qu'il était sur la Tamise; et dans l'un de ces paquets il
trouva sous cachet la copie de la lettre adressée de Ste-Hélène
à Lucien Bonaparte.

Cette production , qui peut être classée parmi les documens
les plus intéressans des temps modernes , est de la plus haute
importance pour le politique ainsi que pour l'historien. Un
jour léger, mais suffisant pour nous mettre à portée de décider
sur ce sujet avec connaissance de cause, s'y trouve jeté pour
la première fois sur grand nombre de faits et d'événemens qui
sont inconnus en Europe, ou qui y ont paru énigmatiques et
presqu'inexplicables, tant ils étaient défigurés par la passion,
et le faux point de vue sous lequel ils étaient présentés. Aucun
homme , dans les temps modernes, n'a été, plus que Napoléon
en butte à l'esprit de parti. Ce caractère extraordinaire a rarement été apprécié dans une juste mesure , et jugé avec impar-
tialité; de même qu'il avait été loué avec excès lorsqu'il était parvenu au comble de la prospérité, de même l'a-t-on ravalé
sans réserve depuis qu'il est tombé dans l'abîme de l'infortune. Si, de nos jours , beaucoup d'hommes puissans ont
intérêt à employer tous les moyens possibles d'avilir le caractère de celui devant lequel ils avaient tremblé si long-temps ;
s'ils prennent plaisir à insulter bassement la grandeur déchue
devant laquelle ils se prosternaient naguères avec une égale
bassesse; si l'on a recours à la force pour couvrir la vérité d'un
voile trompeur, et pour égarer l'opinion publique par un système de fraude et de dissimulation , c'est aujourd'hui qu'il
devient plus que jamais nécessaire pour l'ami du vrai , de
proclamer hautement cette maxime : *audiatur et altera pars*,
afin qu'un rayon de lumière puisse enfin pénétrer à travers
les ténèbres dans lesquelles on s'efforce si évidemment d'en-
sevelir la vérité.

Il circule en Europe les idées les plus erronnées sur presque
tout ce qui concerne le séjour de Napoléon à Ste-Hélène.

Cette lettre dissipera le nuage qui obscurcit la vérité. Les
lords Castlereagh et Bathurst, qui gouvernent maintenant le
cabinet d'Angleterre, pourront y trouver des raisons suffisantes
de faire sentir à celui qu'ils craignaient naguères, qu'il est maintenant en leur pouvoir; mais la postérité, plus juste et plus
impartiale que le siècle présent, prononcera aussi leur sentence;
et il ne sera pas aisé, même pour leurs contemporains, de connaître dans le traitement fait à Napoléon la moindre trace de
cette générosité anglaise si célèbre autrefois. Si Napoléon dans
son infortune se fût jeté dans les bras d'Alexandre, au lieu de
se reposer sur la loyauté anglaise , combien le sort de cet infortuné monarque n'eût-il pas été différent! Un Tamerlan a pu
faire enfermer Bajazet dans une cage de fer, afin de montrer,

réduit au plus profond abaissement, le sultan superbe qu'il avait vaincu ; mais quel nom, l'histoire, dans ses annales, donnerait-elle à un souverain du 19me siècle qui aurait choisi pour modèle le tartare Tamerlan ?

Quiconque lira la lettre suivante sans esprit de parti, aura peine à croire qu'un Empereur de Russie, l'illustre fondateur d'une sainte alliance entre les nations chrétiennes, et dont on a tant vanté les sentimens magnanimes ; qu'un Empereur d'Autriche, lié à ce malheureux prince par les relations de famille les plus étroites, puissent approuver ce qui se passe maintenant sur les bords lointains de Ste-Hélène. Or, la personne de Napoléon n'appartient pas uniquement au ministère anglais; ces monarques y ont un droit égal, et c'est pour cela qu'ils ont leurs propres commissaires dans cette île.

Cette production, d'après le caractère de son auteur, et la position particulière dans laquelle il se trouvait placé, qui en fait un véritable document historique, offre un intérêt puissant. L'auteur l'avait écrite pour la famille de Napoléon, et d'après cette destination primitive, il est évident qu'il ne peut avoir eu aucun motif pour y faire usage de couleurs plus noires que ne l'exigeait la vérité des faits. Son langage et les expressions qu'il a employées, manifestent assez la sensation qu'il éprouvait en écrivant ; mais son caractère connu garantit sa véracité.

LETTRE etc.

Monseigneur,

Je viens de recevoir votre lettre datée de Rome, 6 mars 1816. Je m'estime heureux que V. A. ait bien voulu me donner cette marque de son souvenir. Je ne puis mieux lui témoigner ma reconnaissance de la bonté qu'elle montre envers moi, qu'en lui transmettant de temps à autre, pour toute sa famille, une relation détaillée et suivie de tout ce qui concerne l'Empereur, et particulièrement touchant sa santé, ses occupations et le traitement qu'il éprouve. Je m'attacherai surtout à vous rendre chaque chose avec la plus scrupuleuse fidélité. En agissant ainsi, j'ai la certitude que V. A. épargnera, s'il le faut, au cœur sensible d'une mère les circonstances dont le récit lui serait trop douloureux.

Afin que ma relation soit complète, je la reprendrai presqu'au moment où je pris congé de V. A. au Palais-Royal, pour me mettre volontairement au service de l'Empereur. Je partirai donc de l'instant où je suivis S. M. à Malmaison, avec l'intention de ne plus la quitter ; et je commence mon récit au moment où l'Empereur, au bruit du canon de l'ennemi, adressa

(32)

un message au gouvernement provincial (*) de Paris, pour l'informer, qu'en renonçant à la souveraineté, il n'avait pas renoncé en même temps au plus noble droit d'un citoyen, celui de combattre pour son pays ; que si on le désirait il était prêt à se mettre à la tête de l'armée ; que la situation des choses lui était suffisamment connue, qu'il était certain de remporter sur l'ennemi des avantages qui fourniraient au gouvernement le temps et les moyens d'entrer en négociation avec plus de succès; et qu'il n'en continuerait pas moins son voyage aussitôt après avoir remporté la victoire.

Le gouvernement provisoire ayant rejeté cette offre, nous partîmes dans la soirée du 29 juin pour Rochefort, où deux frégates avaient ordre de nous conduire aux Etats-Unis d'Amérique. C'était l'asile dont l'Empereur avait fait choix (**).

L'Empereur, avec une partie de sa suite qui consistait en plusieurs voitures, fit ce voyage sans escorte, et au milieu des acclamations de la multitude qui accourait de toutes-parts à sa rencontre sur les routes qu'il suivait. Il était difficile de demeurer insensible à un pareil spectacle. L'Empereur était le seul qui fût calme. Il était facile de lire sur toutes les figures le regret de la perte qu'on allait faire, et la crainte de l'avenir. Ce spectacle, non moins affligeant que singulier, fournissait également matière au sentiment et à la réflexion.

Arrivés à Rochefort, nous y passâmes plusieurs jours, attendant avec anxiété les passeports qu'on nous avait promis lors de notre départ de Paris. A cette époque, les évènemens se suc-

(*) Il faut sans doute *provisoire*.

(**) Même à l'époque de la première abdication de Napoléon, plusieurs de ses amis désiraient qu'il adoptât la résolution de choisir les Etats-Unis pour sa résidence future et celle de sa famille ; et lorsqu'il avait la souveraineté de l'île d'Elbe, et que les appréhensions des cours européennes paraissaient devoir être continuelles tant qu'il resterait sur ce continent, au point qu'une foule de circonstances indiquaient que malgré les traités conclus avec lui, on se proposait, dans plus d'un cabinet, d'adopter à son égard des mesures violentes, ses amis lui réitérèrent l'expression de ce vœu. La lettre que le duc d'Otrante (Fouché) écrivit à ce sujet à l'Empereur, a paru dans les journaux. Lors de la deuxième abdication, ce plan devait être mis à exécution. Joseph Bonaparte partit en hâte avant Napoléon, et New-York fut fixé comme rendez-vous général pour le reste de la famille, ainsi que pour les personnes qui croiraient devoir ne pas rester en France. Napoléon n'avait jamais songé acquérir une propriété particulière, ou bien à amasser quelqu'argent. Tout ce que l'on a répandu à cet égard est de pure invention. Mais les frères et les sœurs de l'Empereur, entr'autres Joseph et Lucien, possédaient une fortune considérable, et l'on ne cherchait, en se retirant en Amérique, autre chose qu'à vivre libre et à l'abri de toute persécution, et à pouvoir se livrer en paix à la littérature et aux travaux agricoles.

cédèrent avec une telle rapidité, que les circonstances nous prescrivirent impérieusement de lever l'ancre sans délai, et de mettre à la voile. L'ennemi était déjà entré à Paris, et notre principale armée, pleine de douleur et de rage, s'était retirée derrière la Loire. Les armées de la Vendée et de Bordeaux éprouvaient le même sentiment. Tous les habitans de la France étaient dans une fermentation extraordinaire ; de tous les points du territoire, l'Empereur était accablé d'adresses dans lesquelles on le conjurait de prendre encore soin de la félicité publique, et de veiller sur les destins de la France. Mais sa résolution était irrévocable. D'un autre côté, les croiseurs anglais étaient en vue, et se présentaient, de jour et de nuit, devant la rade de Rochefort. Tous les passages paraissaient soigneusement gardés. De plus, le vent était constamment contraire. Ainsi, tandis que tous les avis reçus de l'intérieur nous prescrivaient de hâter notre départ, l'état de la mer le rendait impossible. Dans cette extrémité, l'Empereur me dépêcha auprès du capitaine d'un croiseur anglais, attendu que mon émigration et mon séjour en Angleterre m'avaient fait acquérir la connaissance de cette langue. Je lui demandai s'il avait entendu parler des passeports que nous devions recevoir pour l'Amérique. Il n'avait rien appris à cet égard. Je lui dépeignis notre situation : je lui racontai les offres faites à l'Empereur, son refus, et sa ferme résolution de suivre son premier plan. Je m'informai, d'une manière détournée, s'il ne serait pas possible de partir à bord d'un bâtiment neutre. Le capitaine anglais avait ordre de s'en emparer. Je fis entendre que les frégates pourraient partir sous pavillon de parlementaire. Le capitaine avait ordre de les attaquer. Je lui représentai toute l'étendue du mal qu'il pouvait causer, en forçant l'Empereur de retourner à terre. Il me déclara qu'à cet égard il ne voulait rien prendre sur lui ; qu'il allait sans tarder en faire part à son amiral, et que j'aurais sa réponse sous deux jours.

Durant cet intervalle, tout ce que l'imagination peut inventer fut épuisé par nous, pour découvrir un moyen de s'échapper du port et de gagner la haute mer. On accueillit même l'idée désespérée de traverser l'océan dans deux frêles barques de pêcheurs. Les élèves de la marine, animés du courage le plus déterminé et d'un enthousiasme qui ne reculait devant aucun obstacle, étaient venus offrir leurs services pour cette hasardeuse tentative, et proposaient de se charger de la manœuvre de ces embarcations. L'Empereur adopta ce plan ; mais au moment du départ, il fallut y renoncer. Car, entre autres difficultés, les matelots nous apprirent qu'il serait indispensable de descendre sur les côtes d'Espagne ou de Portugal pour y faire de l'eau.

Cependant la tempête morale continuait à gronder avec un redoublement de fureur, et la foudre, à chaque instant plus menaçante, s'approchait de nous avec rapidité. L'Empereur voyait croître d'instant en instant le nombre des sollicitations qui lui étaient adressées. Des généraux venaient en personne le supplier, avec les plus plus vives instances, de se mettre à leur tête. L'Empereur demeura inébranlable, et rien ne put le faire renoncer au parti qu'il avait adopté. On connaît assez la vigueur et la fermeté de son caractère. « Non, répondait-il constamment, le mal est maintenant sans remède. Il n'est plus en mon pouvoir de rien faire pour la patrie. Une guerre civile serait aujourd'hui sans objet, sans avantage pour l'Etat. Elle ne serait utile que pour moi, en ce qu'elle pourrait me fournir les moyens d'obtenir plusieurs conditions qui me seraient personnellement favorables ; mais je devrais les payer du sang de tout ce que la France posssède de plus noble et de plus généreux. Cette idée me fait horreur ! »

Ce fut cette manière de penser qui empêcha l'Empereur, lorsque la trahison le força d'abdiquer, de se réserver la Corse, où aucun croiseur ennemi ne l'aurait empêché de se rendre. Mais il ne voulut pas qu'on pût dire de lui, que dans le naufrage où il voyait engloutir le peuple français, il eût songé à se procurer un asile à lui - même, en cherchant à se retirer dans ses foyers.

En vain j'attendis, pendant tout cet espace de temps, une réponse des Anglais, et n'en recevant aucune, je retournai au navire en croisière. Le capitaine n'avait point encore d'ordres de son amiral ; mais cette fois il m'informa que son gouvernement l'avait autorisé à conduire Napoléon et sa suite en Angleterre, dans le cas où cela pourrait lui être agréable; je lui répondis que j'allais sur-le-champ faire part de cette offre à l'Empereur, et que je ne doutais point qu'il n'en profitât noblement et sans défiance, pour obtenir, en Angleterre même, les moyens de passer en Amérique. Là dessus le capitaine observa qu'il ne pouvait nous garantir que cette faculté fût accordée ; mais il assura, et plusieurs officiers exprimèrent la même opinion, que nous ne devions pas douter de recevoir dans la Grande-Bretagne un traitement digne du grand caractère et de la magnanimité du peuple anglais.

A mon retour, l'Empereur nous réunit tous autour de lui, pour avoir notre avis. Nous pensâmes unanimement que nous devions accepter l'hospitalité qui nous était offerte. Aucun de nous ne conçut la plus légère inquiétude. « Le Prince-Régent, disions-nous, va avoir l'occasion de se couvrir de gloire, et il ne manquera pas de la saisir avec empressement. Quel triomphe peut être plus glorieux pour l'Angleterre que cette noble confiance de la part de son plus grand ennemi! Que cette conduite généreuse de sa part présentera de contraste avec celle d'un beau-père et d'un ancien ami! Ce fait remplira désormais une des plus belles pages de son histoire. Quel hommage rendu à la supériorité des lois anglaises! »

Je hasardai dans cette occasion de faire connaître la haute opinion qu'avait V. A. du caractère national des Anglais, de leur moralité, de l'élévation de leurs sentimens, et de l'influence qu'elle avait sur la conduite de leur gouvernement; l'Empereur pensait, à la vérité, que son départ pour l'Amérique serait vu de mauvais œil, et pourrait rencontrer des difficultés; mais comme il n'avat fait choix de cet asile que pour vivre sous des lois fixes, et que l'Angleterre lui présentait le même avantage, il lui importait peu d'habiter l'un ou l'autre de ces deux pays; il prit même la résolution de rester dans ce dernier; et dans cette vue il écrivit une lettre autographe adressée au Prince Régent, dont le contenu a été publié dans le temps par tous les journaux de l'Europe (*).

Je retournai le même soir à bord du *Bellérophon* pour y passer la nuit, et j'y annonçai en même temps que l'Empereur arriverait le lendemain matin. J'étais accompagné du général Gorgaud, adjudant de S. M. qui fut dépêché de suite pour l'Angleterre. Il fut chargé de la lettre pour le Prince Régent, et de communiquer en même temps à S. A. R. le désir de l'empereur de débarquer dans son royaume sous le titre du *Colonel Duroc*, et de pouvoir s'établir avec son approbation, dans quelque province où sa santé serait le moins exposée.

A peine l'Empereur fût-il à bord du *Bellérophon* que l'amiral de la flotte se présenta et mouilla auprès de nous. S. M. manifesta le désir de visiter le *Superbe*, vaisseau amiral; et ce chef, sir Hotham, rendit à l'Empereur tous les honneurs de respect avec une grâce et une honnêteté qui font beaucoup d'honneur à son caractère.

Nous appareillâmes, et notre sécurité était telle, que chacun de nous, anticipant la perspective la plus favorable, et comptant sur les assurances que nous avions reçues, passa tout

(*) Elle était conçue ainsi :

Altesse royale! exposé aux factions qui divisent mon pays, ainsi qu'à l'inimitié des grandes puissances européennes, j'ai terminé ma carrière politique. Je viens comme Thémistocle me confier à l'hospitalité du peuple britannique; je me place sous la protection des lois anglaises; je la réclame de Votre Altesse royale, comme le plus puissant, le plus constant et le plus généreux de mes ennemis.

Rochefort, le 13 juillet 1815.

NAPOLÉON.

le temps que dura notre voyage en innocentes illusions sur notre nouvelle destination dans le port de salut, et sous la protection de l'hospitalité britannique. Nous étions loin de soupçonner notre cruelle erreur. Cependant, dès que nous eûmes jeté l'ancre sur la côte d'Angleterre, tout ce qui nous environnait prit un air sinistre. Le capitaine communiqua de suite avec la terre ; à son retour il nous fut aisé de lire sur sa physionomie tous les maux qui nous attendaient. C'était un homme d'honneur qui avait exécuté ses instructions, sans rien savoir du terrible secret sous lequel elles avaient été dictées. Nous étions d'avance condamnés à être lancés sur le rocher aride de Ste-Hélène, au milieu de l'océan et à cinq cents lieues de toute terre.

Dès ce moment nous fûmes mis sous la plus stricte surveillance. Toute communication avec nous fut interdite. Nous étions entourés de bâtimens armés dont les décharges de mousqueterie éloignaient les curieux qui hasardaient de nous approcher. Peu après, la cruelle sentence, si unique dans son genre, nous fut annoncée dans les termes les plus durs et de la manière la plus humiliante. On ne perdit pas un moment pour la mettre à exécution ; on s'empara de nos épées, on fouilla nos effets afin, disait-on, de mettre en sûreté notre argent, nos billets, nos diamans. Ils supposaient que l'Empereur avait des trésors en sa possession ; mais qu'ils le connaissaient peu ! Ils ne trouvèrent que quatre mille napoléons et quelque vaisselle d'argent qu'ils lui laissèrent; quelques objets d'un usage momentané et journalier ; quelque linge, quelques articles de toilette et quelques caisses de sa bibliothèque de campagne : tels étaient les objets qui formaient toute la propriété de celui qui avait gouverné le monde, et disposé des Rois et des royaumes.

Nous fûmes transportés du *Bellérophon* à bord du *Northumberland*, pour traverser un océan immense afin de nous rendre à notre destination future, à l'extrémité du globe.

Nous avions suivi l'Empereur en grand nombre ; mais quatre d'entre nous seulement obtinrent la permission de partager avec lui la sentence de sa condamnation. Ceux qui étaient contraints de rester en arrière, soupiraient et versaient des larmes de douleur lorsqu'ils le virent partir. Un de ceux qui avaient obtenu le bonheur de le suivre, ne put s'empêcher d'observer à lord Keith qui était tout à côté de lui ; « Vous voyez, Milord, qu'il n'y a que ceux qui restent qui versent des larmes. »

L'Empereur en quittant la côte d'Angleterre, y laissa un protêt succinct, simple et énergique. Je l'insère ici parce qu'il n'a été communiqué qu'imparfaitement par les journaux publics.

« En présence de Dieu et des hommes, je proteste ici solennellement contre la violence exercée envers moi; contre la
violation de mes droits les plus sacrés, on a porté, par la
force, atteinte à ma personne et à ma liberté. Je suis venu
volontairement à bord du *Bellérophon*; je ne suis pas prisonnier de l'Angleterre; je suis son hôte.

» Je suis venu sur l'invitation du capitaine lui-même; il
m'a dit qu'il avait ordre du gouvernement de me recevoir, et
de me transporter, ainsi que ma suite, en Angleterre, au cas
que cela m'eût été agréable. Comptant sur cette assurance,
j'acceptai cette offre afin de me mettre sous la protection de la
Grande-Bretagne.

» Du moment où je montai à bord du *Bellérophon*, j'avais
droit à l'hospitalité anglaise. Si le gouvernement, en donnant au capitaine du *Bellérophon* des ordres de me recevoir,
moi et ma suite afin, de me faire tomber dans un piége, il
agit contre l'honneur, et dégrade son pavillon.

» Si cet acte a lieu, les Anglais auront parlé en vain à l'Europe de leur sincérité, de leurs lois et de leurs libertés. La confiance dans la bonne foi de l'Angleterre est anéantie par
l'hospitalité du *Bellérophon*.

» J'en appelle à l'histoire. Elle dira : Un ennemi qui pendant
vingt ans a fait la guerre au peuple anglais, vint dans son infortune chercher un asile sous la protection de leurs lois. Quelle plus
forte preuve pouvait-il leur offrir de son estime et de sa confiance?
mais comment l'Angleterre a-t-elle payé une pareille magnanimité? on affecta de lui tendre une main hospitalière, et quand
il se fut livré; on le sacrifia. »

A bord du *Bellérophon*, en mer, le 4 août, 1815.

Signé NAPOLÉON.

Telle est cette pièce mémorable, et qui mérite d'être transmise
à la postérité.

Quant à nous le cœur rempli d'amertume, et révolté de pareilles actions, nous nous écriâmes : « Quelle indigne perfidie! Ne sommes-nous plus parmi des peuples civilisés?
que sont devenus le droit des nations et la morale publique ?
Nous conjurons l'être suprême de punir une pareille déloyauté;
il est temoin de la sincérité avec laquelle nous avons agi, et de
la trahison qu'on emploie envers nous. » Il serait difficile de
vous dépeindre la rage que ce méprisable abus de pouvoir, cet
usage de moyens insidieux pour abuser de notre bonne foi,
avait excité en nous-mêmes. En ce moment, en faisant simplement ce récit à votre Altesse Royale, mon sang bouillonne
en mes veines.

Nous lûmes dans les journaux qu'ils nous avaient faits prisonniers, nous qui nous étions livrés à eux, si volontairement et avec autant de confiance ? On nous dit que nous étions obligés de nous rendre à discrétion; nous qui, par grandeur d'ame, avions refusé de faire usage des chances que la guerre nous laissait sur terre, et qui avions en notre pouvoir les moyens de tenter notre évasion par mer ! Aurait-on pu nous traiter pis, si nous avions été obligés de nous soumettre à une force supérieure ? Peut-on douter que nous ne nous fussions pas exposés à tous les dangers , ou que nous n'eussions pas tenté toutes les chances de la fortune, et même couru au-devant d'une mort certaine, si nous avions eu le moindre soupçon du sort qui nous était destiné. La lettre de l'Empereur au Prince Régent ne laisse aucun doute sur ses intentions, et sur sa confiance dont on a si cruellement abusé. Le capitaine anglais auquel cette lettre fut communiquée avant qu'elle ne fût expédiée, en avait tacitement approuvé le contenu , et n'y fit aucune objection. On nous a dit depuis que les procédés envers l'Empereur Napoléon et la manière dont il fut traité, n'étaient pas exclusivement l'ouvrage du gouvernement anglais ; que tout avait eu lieu conformément à un arrangement entre les quatres hautes puissances alliées. Mais les ministres anglais se trompent fortement s'ils croyent pouvoir effacer de cette manière, le déshonneur qu'ils ont fait rejaillir sur leur nation ; car à une pareille excuse on leur répondra : « Ou vous participâtes à cet arrangement avant que cette célèbre victime fût entre vos mains, vous avez donc agi indignement en lui tendant un piége pour l'avoir en votre pouvoir: ou vous avez conclu cet arrangement après qu'elle était entre vos mains; et en ce cas , vous avez sacrifié l'honneur de votre pays et la sainteté de vos lois à des vues étrangères; vous n'aviez point de motifs pour commettre ce crime.

Que de maux cette insigne violation de promesses ne préparent-elles pas à la malheureuse Europe ! que de passions n'exciteront-elles pas ? Qui ne voit dans des mesures aussi arbitraires que tyranniques, dans ce mépris de toutes les lois à l'égard de l'Empereur Napoléon, une réaction étendue de doctrines politiques ? C'est le triomphe des Rois sur les prétentions des peuples; l'ouragan était apaisé ; il a éclaté de nouveau. En vain répètent-ils que la chute de Napoléon termina la révolution. Étrange entêtement ! Ils oublient que ce fut lui qui la dirigea vers son but, et ils voudraient la recommencer et la tourner vers nous. Les nations européennes sont dans une fermentation plus grande que jamais.

Les instructions des ministres anglais ordonnaient de donner à l'Empereur le titre de général, et proscrivaient toute espèce d'attention particulière, toute démonstration de respect qu'on ne porte pas ordinairement à un simple général. L'Empereur pouvait être fier de ce titre, qui lui avait acquis l'immortalité; mais dans les circonstances actuelles, ce titre lui fut donné dans l'intention de l'insulter. Nous ne pouvions croire qu'il était au pouvoir des ministres anglais de changer l'ordre des choses en Europe; qu'ils avaient le pouvoir d'anéantir à leur gré un titre et une dénomination de qualité qui avait été créés par la volonté d'une grande nation, consacrés par la religion, sanctionnés par la victoire et reconnus par plusieurs traités, et du consentement de toutes les nations du continent de l'Eur pe. Dès ce moment nous prîmes la résolution irrévocable de continuer à donner le titre d'Empereur à celui qui, quelques jours auparavant, avait lui-même choisi celui de colonel.

Notre traversée de deux mois fut, sous d'autres rapports, heureuse, régulière et tranquille. Le vaisseau, de même que tous les autres points de la domination anglaise, était rempli de pamphlets et de libelles contre la personne, le caractère, les formes, la figure, le costume, la manière de vivre et les actions de l'Empereur. Il se trouva donc en butte à tous les préjugés que de continuelles calomnies avaient dû nécessairement faire naître contre lui; et c'était, pour l'observateur attentif, un spectacle bien autrement intéressant. que le plaisir de satisfaire un mouvement de curiosité, que de voir la lumière de la vérité dissiper enfin les nuages du mensonge, et l'horizon reprendra sa sérénité. Ils ne pouvaient se rendre compte du calme de son ame; ils s'étonnaient de son enjouement. Ils admiraient l'étendue de ses connaissances et plus encore l'égalité de son caractère. Lorsque nous nous séparâmes, l'un d'eux, qui, pendant le voyage, avait eu le plus d'occasions de l'observer de près, laissa échapper l'aveu qu'il ne lui avait pas connu un seul moment d'humeur ou le désir d'obtenir quelque chose.

L'Empereur passait toute la matinée dans son petit appartement. Vers les cinq heures, il se rendait dans la salle à manger, et jouait aux échecs avant le dîner. Pendant le repas il parlait peu. Vous savez que l'Empereur avait l'habitude de ne rester à table qu'environ 18 ou 20 minutes. Ici le dîner durait deux heures, ce qui, pour lui, était un supplice qu'il ne pouvait endurer. A cet effet, on lui apportait du café au bout d'une heure, après quoi il se promenait sur le pont. Le grand-maréchal (le général Bertrand) et moi nous le suivions ordinairement; c'était le seul moment

où il paraissait en public. Il envoyait alors chercher l'officier de service, et d'autres personnes, tels que le médecin et
le commissaire auxquels il adressa des questions concernant
leurs fonctions. Le premier jour, l'équipage montra une
grande curiosité ; mais au bout de quelque temps, c'était
simplement l'affection qui l'attirait vers lui. À l'approche de quelque manœuvre propre à occasionner du mouvement ou de la confusion sur le pont, les plus jeunes des
matelots s'empressaient autour de lui, avec des regards
ou se peignaient leur sollicitude, et dans l'intention de
le garantir de tout accident. L'Empereur se retirait de
bonne heure dans son appartement. C'est ainsi qu'il passait
la journée.

À notre arrivée à Ste-Hélène, et après y avoir resté à l'ancre pendant deux ou trois jours, nous débarquâmes la nuit
à James-Town. C'est une espèce de village colonial, ou ha-
meau, composé de plusieurs maisons, parmi lesquelles il y
en a de fort grandes et commodément arrangées pour des
voyageurs. La flotte des Indes-Orientales territ annullement
à cet endroit.

Le lendemain matin, l'amiral accompagna l'Empereur dans
l'intérieur de l'île afin de visiter la résidence qui lui était destinée. Cette habitation était dans un état qui demandait des
réparations urgentes ; ce qui ne pouvait se faire dans peu
de jours. L'Empereur fut donc obligé de retourner à James-
Town, où régnait une chaleur nuisible à la santé, outre
plusieurs autres incommodités plus grandes encore ; ce qui
lui fit prendre la résolution de fixer sa résidence à 3 ou 4
mille pas de la ville. Le même soir il me fit appeler ; mais
le peu de place dans la maison ne permettait pas d'y ad-
mettre une troisième personne. C'était une espèce de pavillon d'été, à environ 5o pas de distance de la maison du
propriétaire, et composé d'un seul appartement au rez-de-
chaussée et de quelques pieds carrés.

L'Empereur ordonna d'y placer son lit de camp ; il était
obligé de se coucher, de s'habiller, de manger et de se prome-
ner dans le seul appartement qu'il possédait. Je couchais dans
une mansarde au-dessus de lui, et tellement petite que mon
fils et moi pouvions à peine nous y retourner. Le valet de
chambre de l'Empereur couchait devant la porte de son
appartement. La famille du propriétaire de la maison, qui
était composée de gens honnêtes, demeurait à une distance
de 5o pas de nous. Il y avait, parmi ces derniers, deux jeunes
filles de 10 à 14 ans. Ce sont ces dames sur le compte des-
quelles les journaux se sont egayés si souvent. Quelques
jours après notre arrivée, Napoléon visita plusieurs fois

cette famille; mais il discontinua bientôt ses visites, voyant
que beaucoup de gens qui venaient par curiosité, pour le
voir, abusaient de l'hospitalité de son hôte. Les autres officiers de sa suite, qui étaient restés en ville, le voyaient le plus
souvent possible; mais des malentendus ou des irrégularités de
la part des sentinelles, rendaient toujours ces visites difficiles
et désagréables.

L'Empereur était dans un très-mauvais état de santé, et
plus mal que Votre Altesse ne le croirait. Dans le principe
nous fûmes obligés de faire venir son dîner de la ville; mais
ensuite nous trouvâmes le moyen d'établir, tant bien que mal,
une cuisine dans la maison; mais jamais nous ne pûmes parvenir à lui procurer un bain, malgré que ce fût pour lui un
objet de grande nécessité. Au moment de faire le lit ou la
chambre, il était obligé d'en sortir. Au coucher du soleil, ou
lorsque la lune éclairait nos pas, nous nous promenions sur
un terrain pierreux, le long de l'habitation ou dans une allée
voisine.

Nous passâmes dans cette situation deux mois, au bout
desquels on nous transféra à Longwood, que nous habitons
actuellement; cet intervalle fut employé aux réparations les
plus urgentes. Toute la nouvelle colonie était ici, à l'exception du grand-maréchal et de son épouse qui, à défaut d'emplacement, furent obligés de rester dans une maison à 3 milles de nous.

Longwood était originairement une simple ferme apparte-
nant à la compagnie des Indes orientales. Cette compagnie l'a-
vait donnée au dernier gouverneur, qui eut le projet d'en faire
une maison de campagne; mais les constructions y furent faites
avec une telle précipitation, que tout l'édifice offrait une habitation très-malsaine, et la bâtisse est si mal conditionnée,
que très-probablement elle sera dans une année tout-à-fait
inhabitable.

L'Empereur est très-mal logé ici, et nous sommes presque
constamment obligés de bivouaquer. Pour que vous puissiez
vous former une idée de la chose, je joins ici une esquisse de
notre résidence, que mon fils a dessinée pour envoyer à sa mère.
Ne croyez donc point les détails d'un beau palais en bois dont
toutes les gazettes anglaises ont donné une description. Le luxe
existe en Europe, mais la misère est le lot de Ste-Hélène. Quelques mauvaises planches ont été envoyées ici, il est vrai; mais
comme leur confection aurait demandé huit à dix années de
travail; que pendant tout ce temps nous aurions été obligés
de nous trouver entourés d'ouvriers, et que ce travail aurait
exigé une dépense énorme, on renonce à ce plan, et ces bois
pourissent maintenant à l'endroit où ils ont été débarqués.

6

Il ne manque pas cependant dans l'île, des maisons préférables à celle de Longwood. Plantation-House, par exemple, la résidence du gouverneur, est un bâtiment construit à l'européenne, avec un beau jardin et des allées ombragées ; il renferme toutes les commodités qu'on peut s'attendre à trouver ici. Ce serait une résidence beaucoup plus convenable pour l'Empereur ; on éviterait en outre des dépenses considérables; mais faire déloger un gouverneur de sa résidence, pour faire place au célèbre exilé, aurait été une marque de respect que le ministère anglais ne permettra pas assurément qu'on lui porte.

Les environs de Longwood, sont vraiment misérables au dernier point : aucune plante n'y croît, à moins d'y appliquer des soins qui sont au-delà de nos moyens ; en un mot, c'est le désert de l'île. La nature est ici en opposition avec toute espèce d'établissement, de culture de terrains quelconques. L'eau y manque absolument; il n'y a nul ombrage ; on n'y voit que des bruyères, quelques buissons, et l'arbre dit *Gum-Trée*, qui est fort grand, qui n'a point de feuilles et n'offre aucun ombrage; nous sommes en outre, dans toute la force du terme, engagés dans une guerre continuelle avec des armées de rats et de souris.

Cependant le voyageur qui, après une longue traversée sur l'océan, dont l'œil est encore fatigué de la monotonie des flots de la mer, et qui, en débarquant ici, se sent disposé à admirer le sol sur lequel il se trouve, et qui, un beau jour, se traîne jusqu'à notre plaine, est saisi d'étonnement à l'acpect de ces masses effrayantes de rochers qui l'environnent ; en contemplant ces abîmes terribles, et la verdure riante de l'herbe sauvage qui croît dans les crevasses des rochers, il ne peut s'empêcher de s'écrier involontairement : «Oh! que c'est beau!» Nous n'avons hélas ! que trop souvent entendu de pareilles exclamations ; mais pour celui qui est condamné par le sort à demeurer ici , c'est vraiment un endroit des plus misérables et des plus mélancoliques. Il en est de même du climat que des personnes, qui n'y viennent que pour visiter l'île, disent être des plus sains et des plus agréables. Sous le soleil brûlant du tropique, l'horizon de l'île est le plus souvent couvert de nuages, et Longwood est constamment exposé à de fréquentes averses ; de sorte que, dès que le soleil se montre, nous sommes presque brûlés par la chaleur ; et lorsqu'il est caché, nous sommes toujours comme plongés dans une humidité incommode; nous souffrons, presqu'en même temps du froid et de la chaleur ; une pareille vicissitude ne peut manquer de miner la santé de l'homme le plus robuste. Comme il n'y a aucun changement de saisons, cela produit une uniformité qui affecte l'imagination, l'esprit et le corps; on ne saurait décrire l'ennui et le relâchement qu'excite cette circonstance ; ce mal est renouvelé à chaque heure et à tous momens ; c'est un tourment physique qui, combiné avec l'affection morale à laquelle l'Empereur est sans cesse sujet, le fit s'écrier, au moment qu'il reçut la nouvelle de la fin tragique de Murat : « Les Calabrois se sont montrés moins barbares, et ont manifesté plus de magnanimité que le peuple de Plymouth. »

En arrivant à Longwood, l'Empereur essaya de prendre de l'exercice à cheval ; l'extrême activité de ses premières années, rendait cette interruption dangereuse pour lui, et vous savez peut-être que Corvisart lui avait déjà précédemment recommandé ce genre d'exercice, comme un préservatif contre un mal dont il est menacé. Les limites dans lesquelles nous pouvions nous tenir, sans être surveillés par des étrangers, étaient extrêmement étroites. On sait que l'Empereur est habitué à faire des courses longues et fatiguantes ; mais ici l'espace limité, l'uniformité de l'endroit, la route non variée qui donnaient à ses courses l'apparence d'une leçon de manége, le remplirent de dégoût, et il fut bientôt réduit à renoncer entièrement à ce plaisir ; et ni nos exhortations, ni nos constantes invitations n'ont jamais pu le faire changer de résolution à cet égard. « Il m'est impossible, disait-il, de me tenir dans un cercle aussi étroit ; lorsque j'ai sous moi un cheval, je me trouve toujours tenté de lui serrer les reins ; c'est une chose que je ne puis faire ici ; je ne saurais souffrir cette torture. » L'île a de 25 à 30 milles de circonférence. Il lui était permis de la parcourir en tous sens, accompagné d'un officier anglais ; mais il ne put jamais se soumettre à cette contrainte.

Ni la différence des couleurs de l'uniforme, ni sa situation au milieu d'hommes d'une nation différente, n'incommodent l'Empereur ; « car, dit-il, quiconque a été baptisé au feu, est à mes yeux de la même religion ; » mais jamais il ne voulut sortir, excepté par récréation. Dans ces occasions il aurait pu, sans réserve, nous ouvrir son cœur ; mais la présence d'un étranger l'aurait rendu impossible : il aurait pu être disposé à oublier pour un moment ses malheurs, mais la présence de son geolier lui en aurait perpétuellement rappelé le souvenir. « Tout dans la vie humaine, disait-il, est sujet au calcul, et le mal comme le bien doit être balancé ; le bien dont s'accroîtrait ma situation physique, n'est aucunement égal à l'injure que mon esprit en souffrirait nécessairement. » Un jour l'amiral Cockburn accorda avec beaucoup d'honnêteté à l'Empereur plus de liberté dans sa course à cheval ; mais ce ne fut que pour un seul jour ; car le lendemain matin, soit qu'il se repentît de ce qu'il avait fait, ou qu'il eût quelque autre raison, on prétexta qu'il y avait eu un mal-entendu ; et on en resta là.

La principale occupation de l'Empereur est de lire dans son appartement, ou de dicter, à quelqu'un de nous, les principaux événemens de sa vie. Le temps qu'il a passé à Ste-Hélène, ne sera pas entièrement perdu pour l'histoire et pour la gloire de la France. Les campagnes d'Italie et d'Egypte sont déjà écrites ; c'est un ouvrage digne de son grand sujet. Il n'appartenait qu'à celui qui exécuta ces merveilles, de les écrire.

L'Empereur a acquis la connaissance de la langue anglaise ; et on me doit la gloire de l'y avoir instruit ; en moins de trente leçons, il était à même de comprendre les journaux anglais ; actuellement il lit toute espèce d'ouvrages en cette langue.

Ici tous les objets du règne animal, sont de la plus mauvaise qualité, ou manquent absolument ; premièrement ils sont mauvais, parce qu'à ce degré de latitude, ils ne sauraient être bons, et en second lieu, parce que notre approvisionnement a été adjugé sans que nous y ayons aucune influence ni contrôle. Nous n'avons jamais pu obtenir la permission de recevoir le bétail vivant, pour des raisons qui sont aisées à concevoir ; et nous n'avons jamais réussi à obtenir des provisions que d'un jour à l'autre ; ce qui a été cause que souvent nous avons dû remettre l'heure de notre dîner, les provisions n'étant pas encore arrivées ; de cette manière nous nous sommes quelquefois trouvés manquant entièrement de nourriture et de boisson, parce que les provisions de la veille étaient consommées. La viande de boucherie est détestable ici, le pain n'est pas à comparer avec celui de France, et bien souvent le vin n'est pas potable. L'huile, article sur lequel l'Empereur est très-difficile, vu qu'il l'aime beaucoup, ne saurait être employée dans son état naturel. Il a été trouvé réellement impossible de se procurer un breuvage bon, que l'Empereur pût boire avec quelque plaisir. Napoléon, qui pendant si long-temps avait été habitué à tout ce qu'il y avait de mieux, ne se plaint jamais à ce sujet ; il se contenterait de la ration d'un simple soldat ; cependant il en souffre, et nous, qui sommes avec lui, nous souffrons encore plus pour lui. Qui pourrait croire, que les soins fréquens que nous prenons pour ajouter quelqu'agrément à la vie de l'Empereur, trouveraient de l'opposition de la part des autorités chargées de nous surveiller.

La monotonie de la vie de l'Empereur n'est jamais interrompue par la visite des étrangers ; il ne reçoit presque personne. Le nouveau gouverneur a mis aux visites, des obstacles presqu'équivalens à une prohibition. Des voyageurs ont ardemment désiré d'être introduits chez l'Empereur ; et rien ne nous était plus ordinaire que de lire, cinq mois après, dans les journaux anglais, les détails les plus absurdes de ce qui s'était passé, même sous les véritables noms de ceux qui nous avaient exprimé, dans les termes les moins équivoques, toute la reconnaissance pour la faveur qu'ils avaient obtenue. Une fois pour toutes, n'ajoutez aucune foi à ces journaux, ni aux détails insipides qu'ils contiennent. Lorsqu'il nous arrivait de rencontrer de pareilles anecdotes, elles excitaient un rire de pitié ; mais les Anglais qui nous environnent, s'expriment hautement ; ils se

plaignent que les lettres qu'ils envoyent en Angleterre sont en‑
tièrement défigurées, et ils tâchent de nous prouver qu'aucun
d'eux n'a pu écrire de semblables faussetés ; que ces détails ont été,
ou fabriqués à Londres, ou rédigés d'après la conversation de quel‑
ques domestiques à bord des vaisseaux qui touchent à Ste‑Hélène.

Votre illustre frère est toujours le même sous tous les rapports,
et nous, qui jouissons du bonheur de vivre avec lui, nous avons
été à même de nous convaincre de la vérité qui a été mise en
question, dans le proverbe ordinaire : notamment, qu'un grand
homme peut rester grand, et même paraître plus grand aux yeux
de ceux qui le voient dépouilléde tous prestigés, et ne quittent point
le chevet de son lit ni la nuit, ni le jour.

L'Empereur dort très‑peu ; il se couche de bonne heure, et sa‑
chant que je ne suis pas grand dormeur, il m'envoie souvent
chercher afin de lui tenir compagnie jusqu'à ce qu'il s'endorme ; il
s'éveille assez régulièrement vers les 3 heures, alors on lui apporte
une lumière, et il travaille jusqu'à 6 ou 7 heures : il se couche
alors de nouveau pour tâcher de s'endormir une seconde fois; vers
les 9 heures, on lui sert à déjeûner sur une petite table ronde,
espèce de guéridon, à côté de son lit; pour lors il envoie souvent
demander un de nous, lit des ouvrages, ou sommeille durant
la chaleur accablante du jour; ensuite nous écrivons sous sa dictée.
Pendant assez long‑temps, vers les 4 heures de l'après‑midi, il
nous faisait monter dans sa calèche, mais à la fin il s'en‑
nuya de cet amusement ainsi que de celui d'aller à cheval,
qu'il prenait auparavant ; maintenant il se promène jus‑
qu'au moment où l'humidité de l'atmosphère le force de rentrer
chez lui. S'il reste dehors au‑delà de 4 heures de l'après‑midi, il
est sûr d'être attaqué le soir par des douleurs rhumatismales à la
tête, un fort rhume et un violent mal de dents. A son retour nous
écrivons sous sa dictée jusque vers 8 heures; alors il revient
dans la salle à manger et joue une partie d'échecs avant d'aller dî‑
ner. Pendant le dessert et après que les domestiques se sont reti‑
rés, il nous lit habituellement quelques passages des ouvrages de
nos meilleurs auteurs ou de quelques autres livres intéressans.
Voilà les détails les plus minutieux de la manière actuelle de vi‑
vre de l'Empereur ; il se croirait heureux, à cette distance du reste
du monde, s'il lui était permis, au milieu des soins pieux de
de notre tendre sollicitude et oublié des hommes, d'être, pendant
quelques heures seulement, exempt de souffrances ; mais depuis
l'arrivée du nouveau gouverneur, il ne se passe point de jour, ni
d'heure, ni de moment, qu'il ne reçoive de nouveaux outrages ;
on peut dire qu'un aiguillon est mis sans cesse en œuvre pour dé‑
chirer ses plaies, pour renouveler ses douleurs qu'un court assoupis‑
sement pourrait en quelque sorte calmer.

Lors de notre arrivée à la colonie, notre position était vraiment
misérable; mais nous étions précipités d'une telle hauteur, que

quand même nous aurions été bien traités, il nous aurait été impossible de faire entendre autre chose que des plaintes. Les Anglais bien pensans, qui étaient avec nous, ainsi que les personnes qui venaient visiter l'île, appréciaient très-bien notre situation, et ne cessaient de nous répéter, soit dans l'intention seulement de nous consoler, soit par conviction intérieure : « Votre situation actuelle n'est que provisoire, il est impossible qu'elle dure long-temps ; des raisons politiques ont rendu ces mesures nécessaires, comme ils le croyaient, pour s'assurer de vos personnes, mais la loi de la nature, la générosité et l'honneur, exigent que tout ce qui peut contribuer à soulager les maux de votre situation, vous soit accordé, le plus difficile est fait. La côte est garnie de soldats ; des signaux peuvent être transmis à chaque moment dans l'intérieur de l'île ; toutes les mesures de précaution sont prises ; des mesures d'adoucissement vont y succéder ; un lieutenant - général va être envoyé ici comme gouverneur ; il a passé sa vie sur le continent près des quartiers-généraux, ou à la cour de souverains ; il y aura été instruit de ce que l'on doit à Napoléon. Cette perspective doit vous offrir quelque consolation. Un homme de distinction, digne de sa haute mission, est désigné pour vous être envoyé ; il unit à la grandeur d'ame, des manières polies ; ayez seulement un peu de patience, et tout s'arrangera pour le mieux. »

Ce nouveau Messie arriva enfin ! mais grands Dieux ! ce mot s'échappe involontairement de ma plume, c'était un bourreau, un geolier qu'ils nous avait envoyé. A son apparition tout prit un aspect lugubre ; toute espèce de respect extérieur, et toutes les formes prescrites par un juste égard pour la bienséance, et qui jusqu'à présent avaient été observées, disparurent tout d'un coup ; chaque jour a été depuis, pour nous, un jour d'accroissement de peines, et d'un traitement plus humiliant ; il a resserré les limites qui nous avaient été prescrites ; il a même tenté de s'immiscer dans l'intimité de nos affaires domestiques ; il a sévèrement interdit toute espèce de communication avec les habitans, et défendu toute société avec les officiers de sa nation ; il a fait entourer notre demeure de fossés et de palissades ; il a augmenté le nombre des soldats, et essayé d'établir des prisons dans les prisons ; il nous a environnés d'objets effrayans, et réduits à une détention étroite. L'Empereur ne sort que rarement de sa prison, il ne quitte même presque pas son appartement. Le peu d'audiences qu'il a données à cet officier lui ont été très-désagréables et très-pénibles ; il y a donc renoncé, et il est résolu à ne plus voir le gouverneur. « J'avais, dit-il, des motifs fondés de me plaindre de l'amiral, quoiqu'au moins il eût un cœur ; mais cet homme-ci n'a nul vestige du caractère anglais, il n'est rien qu'un vil sbire sicilien. »

Sir Hudson Lowe fait valoir les instructions des ministres pour se justifier lui-même de toutes ces plaintes ; si cette justification est fondée, ses instructions sont barbares ; mais nous sommes en même temps témoins qu'il tâche de les mettre à exécution d'une manière atroce.

Il est impossible que l'Empereur survive long - temps à ce traitement ; tous les médecins sont d'accord sur ce point (*) : Que dira un jour l'histoire à ce sujet ! Sir Hudson Lowe avoue lui-même que la vie de Napoléon est en danger ; il ajoute froidement, qu'il n'est pas à blâmer ; que c'est l'Empereur lui-même qui ne veut pas que les choses soient autrement. Sa dernière entrevue avec Napoléon était animée et très-remarquable ; sous prétexte d'avoir des choses importantes à lui communiquer, il parvint à engager l'Empereur à sortir avec lui. C'était pour lui apprendre que la dépense annuelle de son établissement se montait à 20,000 liv. sterlings, tandis que le gouvernement n'en allouait que 8,000 pour cet objet ; il proposa donc à Napoléon de lui tenir compte de la balance montant à 12,000. liv. st. Offensé de cette proposition, l'Empereur demanda qu'on lui évitât le dégoût d'écouter de pareilles observations ; mais sir H. Hudson Lowe insistant à lui parler sur ce sujet, l'Empereur, irrité de cette conduite, lui dit : « de ne pas l'accabler de détails si inconvenans, et de le laisser en repos, puisqu'il ne lui demandait rien ; et que lorsqu'il aurait besoin de nourriture, il se placerait à la table de ces braves gens (montrant du doigt le camp du 35me régiment anglais), et que certainement ils ne chasseraient pas le plus ancien soldat de l'Europe. » Cependant la conséquence de cette entrevue fut que l'Empereur se trouva obligé de disposer de sa vaisselle d'argent afin de se procurer mensuellement les premières et les plus indispensables nécessités. Votre Altesse aurait été sensiblement affectée si elle avait été témoin du désespoir et des larmes des domestiques, dans cette circonstance inattendue.

Votre Altesse sait comment l'Empereur a été habitué d'avoir toutes choses en abondance, mais en même temps elle n'ignore pas combien il sait apprécier, à leur juste valeur, tous les objets de ce genre ; cette manière d'être traité l'a sans doute choqué ; mais jamais il ne se plaint. Cependant l'idée, que les Anglais ont fait tomber, par fraude, ce grand homme en leur puissance, qu'ils prennent maintenant, par force, possession de ses propriétés et de son revenu ; qu'ensuite ils prescrivent aux parties intéressées, et dans les termes les plus précis, de se charger eux-mêmes de toute la dépense, afin de pouvoir, par ce moyen, disposer exclusivement de sa per-

(*) Le médecin de l'Empereur est le docteur O'Meara, chirurgien du *Bellérophon*, homme modeste et vertueux qui a demandé la permission de s'associer à notre destinée. Il trouvera, dans l'estime publique, la récompense de son généreux dévouement.

sonne ; qu'après cela ils tenteraient d'entrer avec lui en négociation en ce qui concerne son propre entretien ; d'exiger même qu'il
paye de ses propres deniers les objets les plus indispensables ; tout
cela porte en soi quelque chose de tellement révoltant, qu'il est
presqu'impossible de trouver des expressions assez fortes pour
exprimer les sentimens qu'une telle conduite doit naturellement
exciter.

Toute espèce d'objets nécessaires à la vie , nonobstant leur
mauvaise qualité, sont vendus à un prix exhorbitant. Je puis affirmer, sans exagération, que nous payons toutes choses six ou sept
fois plus chères qu'on les payerait en Italie ; d'après cela, on peut
juger aisément jusqu'où on peut aller avec les 8 mille liv. sterl. al-
louées par le gouvernement anglais. Je puis assurer à votre Altesse
que nos propriététaires , avec un revenu de 15 à 18 mille livres,
sont mieux logés, ont un meilleur ameublement et font meilleure
chère que l'Empereur. Ayant rendu compte à votre Altesse de nos
maux, elle opposera, peut être, qu'irrités par nos souffrances , et
par les circonstances malheureuses dans lesquelles nous sommes
placés, nous ne faisons que nous plaindre tous les jours ; cela serait sans doute bien pardonnable; mais l'excès de nos souffrances ne
nous a point rendus injustes jusqu'à ne pas avouer, avec gratitude, que plusieurs habtians et un grand nombre d'officiers nous
ont témoigné de la compassion et de la bienveillance. La franchise de l'amiral Malcolm, en particulier, mérite d'être citée
dans les termes les plus flatteurs ; notre irritabilité dans la misère , et la singularité de sa situation officielle, nous ont seules
empêché d'exprimer les sentimens que cet officier, et Mme son épouse, dont le caractère mérite les éloges les plus flatteurs , ont excité
en nous.

Un jour cet amiral , étant en conversation avec noûs, s'aperçut
par hasard que nous n'avions point d'ombre et que nous concer-
tions les moyens d'établir une tente à l'Empereur pour y passer une partie de la journée, lorsque l'occasion s'en présenterait.
Peu après cette conversation, l'Empereur eut la satisfaction de
pouvoir prendre son déjeûner sous une tente spacieuse, construite
à la hâte les voilures de la frégate. C'était là un échantillon de
civilité européenne auquel on ne s'attendait point ici, et qui par
conséquent ne pouvait manquer de faire une forte impression
sur nous. L'Empereur a souvent fait usage et continue encore à
se servir de cette tente; mais non sans quelques interruptions
Combien de fois, à l'approche d'un ennemi incommode, n'a-t-il
pas été obligé de se retirer au milieu de sa conversation ou de sa
dictée ! Il disait alors ; « Retournons dans notre cabane, ils m'envient même l'air frais que je respire ici. »

Chaque objet, jusqu'aux petits détails, trahit le caractère
personnel et les dispositions de notre geolier ; il nous remet
en main les journaux dans lesquels on nous traite avec dureté,

et retient ceux dans lesquels on parle de nous en termes moins humilians, sous prétexte qu'ils ne lui ont pas été transmis par l'intermédiaire des ministres; et il déploie le plus grand zèle à nous envoyer tous les libelles qui se fabriquent contre nous dans sa propre librairie.

Mais le principal objet sur lequel Sir Hudson Lowe dirige toute son attention, est d'empêcher qu'aucune délation qui nous concerne, excepté la sienne, n'arrive en Europe; il est toujours alarmé à l'idée que quelques-unes de nos relations puissent sortir de l'île. Dans cette vue, il ne permet à aucun étranger de nous approcher, et il considère comme un crime toute démarche de notre part à publier la manière dont nous sommes traités. Il alla même dernièrement jusqu'à m'informer que si je continuais à écrire à mes amis en Europe, sur le même ton que je l'avais fait jusqu'à présent, il m'éloignerait de l'Empereur et me renverrait de Ste-Hélène. Je n'avais écrit que la vérité, je ne pouvais naturellement dire que nous étions heureux et bien traités. Sir Hudson Lowe paraît se méfier de ses propres agens qui reçoivent mes lettres pour les lire après lui; et ils peuvent les supprimer immédiatement après en avoir pris lecture, s'ils le jugent à propos. Cependant je ne me fis pas répéter deux fois ce compliment. Je n'aurai garde d'écrire encore à ma famille; par conséquent je puis dorénavant me considérer comme mort à leur égard. Nous avons cru d'abord vous remettre la présente relation par l'intermédiaire du gouverneur; mais actuellement je me trouve forcé d'attendre quelque voie secrète pour vous la faire parvenir. V. A. y gagnera; car sans cela cette pièce ne vous serait jamais parvenue. Tôt ou tard une occasion se présentera de vous la transmettre secrètement; quelque voyageur généreux et qui aime la vérité, se chargera de cette lettre, dont le contenu n'a aucun rapport avec la politique, mais qui renferme des points importans pour l'honneur de la Grande-Bretagne, de sorte qu'en faisant ce message, il croira ne s'acquitter que du devoir d'un honnête homme et d'un bon citoyen.

Sir Hudson Lowe exagère, sans doute, et tronque tout objet qui a quelque rapport à nous; il ne s'agissait que de s'assurer de nos personnes, mais il imagine avoir le droit de nous emprisonner; il ne s'agissait que de nous séparer du monde politique, mais il croit qu'il est de son devoir de nous enterrer vivans; on a cru qu'il fallait nécessairement soumettre notre correspondance à un examen, afin de prévenir des conspirations, mais il croit qu'il doit nous tenir ensevelis dans un oubli absolu, et néantir en quelque sorte notre existence même. Si les instructions secrètes du gouverneur le mettent dans la nécessité d'en agir ainsi, alors les ministres s'écartent du langage qu'ils ont tenu eux-mêmes au parlement; il sont en contradiction avec l'opinion publique de leur pays, et les vœux de tous les habitans généreux de l'Europe, quelque différentes que soient d'ailleurs leurs opinions; ils attirent sur leur ministère de l'odieux sans objet. La vérité éclatera un jour, et alors les peuples demanderont avec indignation : « Qu'avait de commun un pareil traitement avec la sûreté du prisonnier ? » Si au contraire tout ceci est simplement le résultat d'un excès de zèle officieux de la part de sir Hudson Lowe, il dénote un mauvais cœur, avilit son caractère et flétrira sa mémoire.

Quoi qu'il en soit, il est certain que, nonobstant le sens et les termes exprès des lois d'Angleterre, nous gémissons constamment sous la tyrannie et la conduite arbitraire d'un seul homme, d'un homme qui, pendant 20 ans, a été uniquement employé à placer les criminels et les déserteurs d'Italie, dans des régimens anglais, et de maintenir la discipline parmi eux; un homme dont le cœur est endurci, et dont l'imagination est dans un état d'alarme continuel, et ne saurait mettre des bornes à ses appréhensions et à ses mesures de précaution.

Cette horrible situation est le fatal résultat de notre résidence actuelle à l'extrémité des flots, au milieu du désert de l'océan! Combien de temps doit durer notre punition? Quand la vérité pourra-t-elle se frayer une route jusqu'auprès du peuple anglais ? Quand réussira-t-il à mettre fin à ces excès qui le dégradent?

Sommes-nous destinés à périr sans secours sur ce rocher affreux ? Nous occasionnons des dépenses énormes à la Métropole et en même temps nous causons la ruine de cette misérable colonie. Les habitans de l'île maudissent notre résidence ici, et nous désirerions bien qu'elle n'eût jamais existé; reste ensuite à savoir quel est le but de tout ceci? L'Empereur, il y a quelques jours, dit en plaisantant: « Bientôt nous ne vaudrons plus, ni l'argent que nous coûtons, ni l'embarras que nous leur causons. » Pourquoi le ministère ne nous permettrait-il pas de retourner en Europe? Notre retour attesterait à-la-fois leur force et la grandeur de leur caractère. Le peuple croirait alors que notre bannissement temporaire était dicté par la politique seulement, et n'était nullement l'ouvrage de la haine. Par là le ministère ferait une économie considérable, et s'acquerrait un éternel honneur.

L'Empereur ne cesse de conserver pour le présent et pour l'avenir les mêmes sentimens, dont il était animé lorsqu'il parut pour la première fois, volontairement et sans méfiance à bord du *Bellérophon*. Sa carrière politique est terminée: pouvoir se reposer sous la protection des lois positives est tout ce qu'il désire maintenant. L'état languissant de sa santé; des infirmités physiques qui commencent déjà à se déclarer; les années qui s'écoulent rapidement, un certain dégoût de toutes les choses humaines, et pour le genre humain en général, lui rendent ce repos plus nécessaire et plus désirable que jamais.

Quant à nous, qui avons accompagné l'Empereur, quelqu'injuste que puisse être notre emprisonnement, un cachot en Angleterre serait un bienfait pour nous. Délivrés du contrôle arbitraire d'un agent subordonné, la main d'un pouvoir protecteur serait alors étendue sur nous ; nous respirerions de nouveau l'air de l'Europe ; et dussions-nous enfin succomber sous le poids de nos misères, au moins nos cendres reposeraient dans une terre amie.

Les commissaires des puissances alliées sont arrivés ici, il y a quelques mois. Sir Hudson Lowe leur fit entendre que leur mission ne serait que passive ; que, quand à nous, ils n'avaient ni pleins-pouvoirs, ni même des pouvoirs de médiation ; ensuite il envoya à Longwood le traité du 2 août, et demanda que ces commissaires y fussent admis. L'Empereur refusa d'abord de reconnaître leur caractère public, et leur qualité politique ; mais il dit qu'il ne ferait aucune difficulté de recevoir ces Messieurs comme particuliers. M. de Montholon transmit, à ce sujet, à sir Hudson Lowe, une réponse foudroyante, pleine de bon sens et d'idées sublimes ; il faut espérer qu'elle arrivera jusqu'à Votre Altesse, en temps et lieu, nonobstant les efforts et le zèle de sir Hudson Lowe pour la tenir secrète. On ne saurait se former une idée de l'embarras de ce gouverneur à cet égard ; j'ai déjà essuyé de sa part de très-vifs reproches pour cet écrit.

L'Empereur parle souvent de chacun de vous ; la plupart de vos portraits sont suspendus dans sa chambre. Sa demeure est devenue un petit sanctuaire de famille. Il a reçu des lettres de vous, de Madame, du Cardinal Fesch et de la princesse Pauline ; il est vivement affecté en pensant que les expressions d'amour et de tendresse contenues dans ces lettres, doivent être lues par tous les agens qui nous surveillent. Il préférerait ne plus recevoir de lettres que de les recevoir à cette condition. Quant à lui, il désirerait écrire à sa famille par l'intermédiaire du Prince Régent d'Angleterre ; mais on lui a fait entendre que ses lettres ne pouvaient passer que non cachetées, et qu'en cas qu'elle le seraient, le cachet devait être brisé. Dans cet état de choses, l'Empereur croit qu'il vaut mieux renoncer à cette correspondance.

J'ai fait, à plusieurs reprises, mention des peines que nous, qui avons accompagné Napoléon, avons à endurer ; mais nous sommes insensibles à nos souffrances. Lorsque nous avons le bonheur de donner à l'Empereur des preuves de notre attachement, ce n'est qu'en lui que nous ressentons nos privations ; nos afflictions personnelles nous élèvent au rang et nous remplissent de la joie des martyrs. Nous vivons dans le cœur des hommes généreux ; mille et mille mortels envient sans doute notre situation ; nous en sommes fiers, et elle nous rend heureux.

Longwood, Ste-Hélène, septembre 1816.

Le document suivant n'eût jamais été communiqué en détail au public, si de faux exposés des faits, et des calomnies injurieuses à l'honneur de Las – Casas n'eussent été publiquement proférés dans le parlement d'Angleterre, dans la séance du 14 mai 1818. Ce manuscrit, caché à tous les yeux, est demeuré, pendant près de six mois, dans le portefeuille de l'auteur ; mais il s'est vu contraint de rompre le silence. La lettre est maintenant imprimée pour la première fois ; et c'est au public à juger entre le ministère britannique et le comte de Las-Casas.

Avertissement de l'Editeur Anglais.

Lorsque le 14 mai 1818, on discuta, dans la chambre des communes d'angleterre, l'affaire relative aux persécutions souffertes par M. le comte de Las-Casas, compagnon d'infortune de Napoléon à Saint-Hélène, on lui attribua des plaintes, des réclamations et des assertions tellement ridicules, qu'elles parurent n'avoir été inventées que pour fournir aisément aux ministres anglais les moyens de les réfuter victorieusement.

Pendant le cours de la discussion, un homme obscur et subalterne parvenu à devenir membre de l'administration, par suite de ses complaisances et de ses assiduités auprès des ministres, un nommé Goulburn, n'hésita pas à ajouter l'insulte au mensonge ; il croyait ainsi se rendre agréable et utile à ses supérieurs immédiats. Faute d'éloquence, il eut recours aux libelles et à la calomnie, et confirmant les bruits absurdes qui étaient imputés à sa victime, il eut l'effronterie de dire : « Que ces bruits ne le surprenaient aucunement ; que le personnage dont il était question, avait particulièrement l'art de donner un sens double à ses paroles, et, qu'après tout, la punition n'approchait pas de l'énormité de la faute. » Si le respectable, l'indulgent, le bon M. Goulburn ne croit pas que les persécutions souffertes par le comte soient égales à la faute dont il parle et dont il n'administre aucune preuve, assurément l'on peut dire qu'il n'est pas aisé de le satisfaire. Quant à l'autre de ses observations, il est d'autant plus certain que c'est un homme de mauvaise foi, un menteur, que toute la correspondance dont il parle passait par ses mains.

Cette circonstance a donné lieu à l'envoi qui nous a été fait de la lettre suivante, avec l'invitation de la rendre publique. On pensera sans doute que les assertions du respectable M. Goulburn, rendirent cette mesure indispensable. La lettre dont il s'agit, fera connaître, 1° quelle est la nature des torts imputés à son auteur ; 2° elle offrira le détail exact de ses plaintes ; 3° elle mettra chacun à portée de juger si elle est susceptible d'une double interprétation.

Si cette publication contrarie, sous quelques rapports, le noble lord auquel cette lettre était adressée, il ne doit s'en prendre qu'à son fidèle et véridique agent ; car (c'est la seule observation que nous prendrons la liberté de faire en faveur de celui qui l'a écrite) nous ferons observer que cette lettre a plus de six mois de date ; qu'elle était demeurée secrète, et que jusqu'à présent son auteur, quelles que soient la force et la justice de ses réclamations, n'a pas prononcé un seul mot en public contre ses persécuteurs, silence qu'il eût probablement continué de garder, si on ne l'avait forcé de sortir des bornes de la modération.

LETTRE DU COMTE DE LAS-CASAS A LORD BATHURST.

A mon arrivée à Francfort, décembre 1817.

MYLORD,

Si je supportais sans rien dire les actes arbitraires et tyranniques, l'infraction des lois, le mépris des formes, la violation des principes, dont je suis la victime depuis plus d'un an que je me trouve entre les mains de vos agens, mon silence pourrait être pris pour un acquiescement tacite qui me rendrait coupable envers moi-même, envers vous, envers la société tout entière. Envers moi-même, qui ai de grands dédommagemens à prétendre ; envers vous qui, peut-être, les ignorez et vous empresseriez de les accorder si mes droits vous étaient connus, envers la société entière, en faveur de laquelle tout homme de bien doit se montrer intraitable lorsqu'il s'agit de poursuivre les écarts du pouvoir, pour l'honneur des lois, et la sécurité de ceux qui viennent après lui.

Mylord, si j'ai tant tardé à vous adresser mes griefs, n'en accusez que vous-même, la persécution que j'ai rencontrée sur vos rivages, et celle dont vous avez donné l'impulsion dans les pays voisins ; il semblerait qu'on a inventé pour moi un supplice nouveau : la déportation sur les grands chemins, quoique moribond. Je me suis vu colporté de ville en ville comme un malfaiteur, sans qu'on pût m'en donner aucun motif, ni qu'on voulût m'accorder aucun repos. Dans cet état, comment vous écrire ?

J'adresse ici personnellement à votre Seigneurie tout ce qui me concerne, parce que c'est dans votre département et en votre nom qu'ont commencé les actes dont j'ai à me plaindre ; parce que c'est dans votre département et en votre nom qu'ils ont continué, et que si depuis d'autres mains ont pesé sur moi, c'est V. S. qui m'a placé sous leurs coups; ce sont ses suggestions qui ont dicté le traitement que j'ai reçu.

Mylord, je suis un des quatre, auxquels il vous plut de réduire à Plymouth le grand nombre de ceux qui recherchaient le bonheur et la gloire de suivre l'illustre victime de la terrible hospitalité du *Bellérophon* ; je remplissais de mon mieux à Longwood ma religieuse et sainte occupation ; j'y dévouais toutes les facultés de mon cœur et de mon ame aux adoucissemens de la captivité la plus dure qui fut jamais, quand je me suis vu soudainement enlevé par le Gouverneur de Ste-Hélène. Peut-être avait-il le droit d'en agir ainsi, j'avais enfreint ses réglemens, je n'étais coupable, du reste, que d'avoir usé du droit de tout captif, celui de déjouer sans scrupule la surveillance de son geolier ; car il n'avait été rien laissé entre nous à la délicatesse, à la confiance, à l'honneur; je ne me suis point plaint de l'acte exercé envers moi. Je n'ai souffert que dans ce qui a pu heurter gratuitement celui duquel on me séparait; c'est presque à ses côtés, presque sous ses yeux, qu'on m'a saisi ; ce qui lui a fait écrire, ainsi que vous l'aurez lu, qu'en me voyant de sa fenêtre entraîné dans la plaine, au milieu de nombreux panaches flottans et de chevaux qui caracolaient autour de moi, il lui semble voir des sauvages de la mer du Sud qui, dans leur joie féroce, dansent autour de la victime qu'ils vont dévorer.

Mylord, il a pu m'être permis de croire que la cause de ce qui m'est arrivé, les pièces secrètes confiées à mon domestique sur sa propre sollicitation, n'étaient que le résultat d'un piége qui m'aurait été tendu. Le Gouverneur lui-même est demeuré d'accord avec moi, que les apparences pouvaient justifier ma pensée, mais il m'a donné sa parole d'honneur qu'il y était étranger, et je l'ai cru. Ces pièces secrètes, du reste, étaient destinées dans le principe à passer précisément par ses mains; elles lui eussent été adressées, si peu de temps auparavant, il ne m'avait fait dire que, si je ne changeais de style, il prendrait le parti de m'éloigner de celui auquel je me dévouais. Cela est si vrai et les pièces étaient si peu importantes, qu'il n'en a jamais été question depuis ; elles sont demeurées tout-à-fait étrangères à l'événement qu'elles avaient fait naître (*).

* A moins que ce ne soit ce à quoi un ministre a voulu faire allusion dans la chambre des communes le 14 mai 1818.

Cerchant à justifier les persécutions exercées sur le comte de Las Casas, il a dit qu'on l'avait surpris à établir une correspondance en Europe par l'intermédiaire de l'Angleterre. Mais le noble lord n'a fait que l'affirmer de vive voix et a refusé de produire les documens officiels qui en auraient établi la preuve; chacun pourra fixer son opinion d'après cette dernière circonstance.

Mylord, ma captivité à Ste-Hélène n'était que volontaire. Vous aviez prononcé, dans vos réglemens, qu'elle cesserait à mon gré; j'ai donc signifié à Sir H. Lowe, dès que je me suis trouvé séparé de Longwood, qu'à compter de cet instant je me retirais de sa dépendance personnelle, et que je me replaçais sous la protection des lois civiles et générales; que si j'avais commis quelque faute, je demandais qu'il m'envoyât à mes juges; que s'il croyait que mes papiers, que je lui avais donné le temps de parcourir assez pour les comprendre, fussent de nature, à être mis sous les yeux des ministres, je demandais qu'ils vous fussent envoyés, Mylord, et moi avec eux; et afin de lui rendre cette détermination plus facile, je lui exposais l'état affreux de ma santé, et le danger imminent de celle de mon fils, qui exigeaient qu'on nous envoyât tous deux à la source des premiers secours de l'art; j'ajoutais en outre que j'acquiesçais d'avance, volontairement et de bonne foi, à toutes les restrictions même illégales que votre Seigneurie, au besoin, jugerait à propos de m'imposer à mon arrivée en Angleterre. Sir H. Lowe ne crut pas pouvoir prendre ce parti, et après de longues hésitations, et m'avoir tenu captif au secret dans l'île pendant 5 ou 6 semaines, il finit par me déporter au cap de Bonne-Espérance, selon la lettre de ses instructions, mesure qu'il eût pu et eût dû sans doute exécuter en peu de jours. Ce Gouverneur a retenu en même temps tous ceux de mes papiers qu'il a jugé convenable de garder, sans permettre d'y apposer mon sceau, ou ne me l'accordant qu'avec la restriction dérisoire de mon consentement exprès à ce qu'il pût le briser en mon absence, s'il le jugeait à propos, ce qui était me l'interdire.

A la faveur de pareilles subtilités Sir H. Lowe pourrait dire aussi peut-être qu'il n'a tenu qu'à moi de revenir à Longwood ; il est très-vrai que, pressé par mes argumens et la délicatesse de sa position vis-à-vis de moi, il m'a offert d'y retourner, parce que cela le tirait d'embarras. Mais en même temps qu'il me l'offrait, il me le rendait impossible. « Vous m'avez souillé, flé-« tri, lui disais-je, en m'enlevant sous les yeux même de « Napoléon; je ne pourrais plus être désormais pour lui un « objet de consolation, mais bien plutôt le sujet d'injurieux et « pénibles souvenirs; je ne saurais reparaître à Longwood » que sur son désir exprès : » J'ai demandé d'écrire, j'ai même écrit pour connaître ce désir, mais Sir H. Lowe a prétendu dicter lui-même ou limiter mes expressions; j'ai dû m'y refuser. Sa situation au milieu de captifs au secret qu'il faisait agir séparément à son gré, était aussi par trop avantageuse. D'ailleurs si je retournais, sir H. Lowe ne consentait pas davantage à me rendre mes papiers. Le lendemain, il pouvait répéter sur moi ou sur mes malheureux compagnons, ses iujurieux actes d'autorité; j'avais la douleur d'avoir ouvert la porte à ces excès; mon retour en aurait consacré l'usage; il ne me restait qu'à me déchirer le cœur : partir.

Voilà, Mylord, je crois, tout ce qui concerne mon séjour à Ste-Hélène; ce que j'ai dit se trouve prouvé et développé dans ma correspondance avec sir H. Lowe, dont vous avez saisi dans la Tamise, et tenez en ce moment entre vos mains, toutes les pièces soigneusement arrangées et mises en ordre par moi-même.

Mylord, arrivé au cap de Bonne-Espérance, je me crus bien mieux placé pour jouir de la protection de vos lois ; sorti de l'île fatale, sur laquelle l'importance du sujet pouvait servir de prétexte peut-être à certaines irrégularités, je me voyais à 5oo lieues plus loin, dans une colonie tranquille, sous le plein exercice de votre belle législation si justement vantée. Mais quel fut mon étonnement. Ce que sir H. Lowe n'avait pas osé faire à Ste-Hélène, me retenir captif, lord Charles Somerset le trouva très-facile au cap; j'eus beau lui faire les mêmes demandes, les mêmes raisonnemens, offrir les mêmes concessions qu'à sir H. Lowe pour être envoyé auprès de vous en Europe; tout fut inutile. Il me retint et ce fut l'acte de son caprice et de sa volonté : car sir H. Lowe n'était point son chef, il ne pouvait lui donner des ordres. Lord Charles Somerest était chef suprême ; il jouissait, pour son compte, d'un pouvoir discrétionnaire ; il pouvait et devait être une espèce de juge sommaire dans mon affaire : il refusa constamment de m'entendre, repoussa tout éclaircissement, et malgré mes vives et instantes représentations, se contenta d'envoyer froidement demander à 3ooo lieues, à mes juges naturels, s'il ferait bien de m'envoyer à eux et par là il exécuta, dès cet instant sur moi, la plus affreuse sentence qu'aucun tribunal eût jamais pu m'infliger : un bannissement et une captivité de 7 à 8 mois à 3ooo lieues de ma famille, de mes intérêts, de mon pays, de mes proches, de toutes mes affections.

Mylord, d'après la sainteté de vos lois et selon les principes classiques que vous ont légués vos pères, lord Charles Somerset s'est rendu coupable envers moi du plus grand des crimes; d'un crime égal, aux yeux de bien des gens, à l'homicide; plus atroce encore aux miens, par les tourmens que j'ai éprouvés. Je vous le dénonce, et j'en demande justice. Il n'est point d'Anglais à qui ses beaux priviléges sont chers, qui ne joigne ici sa voix à la mienne, et n'ait une juste idée du supplice que j'ai enduré. C'est en vain qu'on s'excuserait sur ce que le Cap n'est qu'une colonie sous un pouvoir militaire, et avec des lois encore en partie hollandaises. Mylord, partout où arrive le nom britannique, doit régner la justice et la protection des lois anglaises ; ce qui serait un crime sur la Tamise ne saurait demeurer une action innocente sur un point de l'Afrique, où flotte le pavillon d'Angleterre.

Je n'étais point un prisonnier de guerre, je n'ai pu être qu'un prisonnier judiciaire ; me tenir 8 mois séparé de mes juges est un déni de justice qui ferait frémir parmi vous ; me punir sans jugement, sans sentence est une tyrannie qui révolte votre législation. Et que demandais-je à lord Charles Somerset, la liberté ? Non, mais de vous être envoyé captif, et pour subir un jugement s'il y avait lieu. Il s'est fait dans ma personne un jeu de ce que la raison a de plus sacré, de ce que le cœur a de plus doux, de ce que l'homme a de plus cher. Et quels pouvaient être ses motifs, quelles seraient ses excuses ? il me les a constamment et obstinément refusés. Ici, Mylord, je demande qu'on se persuade bien que l'indignation et la douleur ne m'emportent pas au point, de ne pas distinguer en lord Charles Somerset les égards privés dont il a cherché à adoucir ma captivité, d'avec l'horreur de l'acte public par lequel il m'y a condamné ; bien qu'il soit vrai que, sur la fin de mon séjour, fatigué de la chaleur de mes expressions, et trouvant sans doute mes réclamations trop importunes, il m'ait fait retenir, en dépit de mes instances et d'incommodités graves, dans une campagne, privé des secours habituels des médecins et des remèdes que la ville pouvait m'offrir.

Enfin, Mylord, après 7 mois de captivité, et, sans doute parce que vos ordres étaient arrivés, il m'a été signifié qu'il ne me restait plus qu'à me pourvoir d'un bâtiment qui pût me conduire en Angleterre. J'ai vainement sollicité une occasion qui pût convenir au délabrement de ma santé et de celle de mon fils. Les vaisseaux convenables m'ont été refusés sous différens prétextes ; je me suis trouvé réduit, dans le choix qui m'était laissé, au seul bâtiment qui se trouvait prêt à partir et indiqué d'ailleurs par S. E. le gouverneur lui-même. J'ai dû m'y embarquer captif et pourtant à mes frais ; ce qui, pour le dire en passant, semble peu conciliable ; c'était un brick de 230 tonneaux et de 12 hommes d'équipage, sur lequel, privé de médecin, soumis à tous les inconvéniens, à toutes les privations, à tous les maux d'un aussi petit bâtiment, il nous a fallu endurer une traversée de près de 100 jours.

Voilà, Mylord, tout qui concerne mon séjour au cap de Bonne-Espérance ; la preuve et le développement de ce que j'avance, se trouvent dans ma correspondance avec lord Charles Somerset, saisie par vos ordres dans la Tamise, et en ce moment même en votre possession.

En atteignant vos rivages, Mylord, je croyais toucher enfin au terme de mes maux. J'avais eu l'honneur d'adresser en arrivant au Cap une lettre à Son Altesse Royale le Prince Régent ; pour me placer sous sa protection royale ; je vous en avais écrit une en même temps pour le même sujet. Je ne doutais pas que je ne dusse à ces lettres l'ordre de mon retour ; déjà je me faisais un bonheur qui adoucissait mes chagrins, de retrouver les amis que j'ai à Londres ; d'y savoir si ma femme et mes enfans existaient ; d'y veiller mes intérêts domestiques, depuis plus de 3 ans négligés ou détruits. Quel a été mon étonnement ? En entrant dans la Tamise, j'y ai été aussitôt transféré à l'écart, mis au secret, et mes papiers scellés. Peu d'heures après, un de vos messagers est venu se saisir de moi au milieu de la nuit, m'a signifié ma déportation sur le continent, et m'a conduit à Douvres pour la mettre à exécution. Mon départ ayant été retardé de trois jours, le zèle de cet agent a su mettre ce temps à profit ; il a remis mes papiers à ma disposition, m'a fait donner tout ce qu'il me fallait pour écrire, m'y a encouragé de son mieux et a attendu le dernier instant du départ pour saisir, après la fouille la plus minutieuse, jusqu'à la dernière ligne d'écriture. C'était une sorte de piége, Mylord, que je n'ai garde d'attribuer à d'autre cause qu'à la bassesse de celui qui l'a pratiqué.

Une circonstance de même nature s'était présentée à Ste-Hélène. Sir H. Lowe, après m'avoir gardé 5 semaines au secret, où il m'avait permis tous les moyens d'écrire, voulut à mon départ fouiller de nouveau mes papiers ; mais il me suffit alors de donner à entendre à son aide-de-camp l'étrange couleur que prendrait la facilité qui m'avait été offerte de consigner sur le papier des idées qu'autrement j'aurais gardées en moi-même. Sir H. Lowe y renonça à l'instant. C'est une justice que je dois rendre à ce gouverneur.

Ce qu'il y a de plus étrange ici, Mylord, et qu'on aura de la peine à croire ; c'est que votre messager, bien que j'en aie pu faire, a emballé tous mes papiers et m'en a séparé sans vouloir en tracer d'inventaire, ni observer aucune des formalités que requièrent toutes les jurisprudences du monde. Persuadé que cette déviation du premier des principes provenait de l'ignorance du subalterne, et non des ordres du ministre, j'ai cherché à y remédier dans vos intérêts, Mylord, en obtenant la permission et m'empressant d'y apposer mon sceau, afin de vous mettre à même de régulariser à temps les fautes de votre agent. Je désire que V. S. apprécie cette mesure ; elle a été calculée, ainsi que vous le prouvera la nature de mes papiers, uniquement pour vous donner une idée de mon caractère et une preuve de ma modération. J'ai eu l'honneur de l'écrire à l'instant même à lord Sidmouth, et de lui faire observer en même temps combien ma présence serait nécessaire à l'examen de papiers qui par une seule parole de moi deviennent fort simples , tandis que mon absence peut les laisser inexplicables. Lord Sidmouth ne m'a honoré d'aucune réponse.

Mylord , votre agent sortant , en tout point , de la décence et de la générosité qui caractérisent si bien les particuliers de votre nation, a accompagné sa mission de plus d'amertume qu'il ne serait aisé de l'imaginer. Après m'avoir choqué une première fois par ses grossières injures sur la personne que je vénère le plus dans le monde, il a épuisé sur moi toutes les turpitudes de la langue, et cela, parce que je ne me prêtais pas à converser avec lui. Il avait reçu de vous l'ordre de me garder : mais a-t-il pu croire que vous eussiez voulu étendre votre pouvoir jusqu'à me contraindre à faire société avec lui ? Cet homme avait un second, sur lequel ne s'étendent point mes plaintes; bien qu'il ait partagé les mêmes torts, j'ai su néan-moins, par fois ,distinguer', en lui, certaine retenue, et puis il a été excité, aiguillonné par le premier.

Mylord , votre messager, en me signifiant l'ordre de ma dé-portation au milieu de la nuit, ne m'a laissé de choix que Calais ou Ostende. A peine à moi-même, il a fallu me décider sur-le-champ. Peu d'heures après, rendu à la réflexion, j'ai de-mandé s'il ne me serait pas permis d'aller en Amérique , ou sur quelqe'autre point du continent ? il m'a été répondu que non ; que d'ailleurs, d'après mon choix, il avait déjà écrit au gou-vernement; j'ai insisté, mais il m'a déclaré être sûr que tous mes efforts seraient inutiles. Son assertion pourrait-elle être vraie, Mylord ? je ne saurais le croire; toutefois ma destinée a été résolue sur cette supposition,

On a montré à mes yeux, et l'on a refusé à mes mains, l'or-dre de S. A. R. le Prince Régent de sortir à l'instant de la Grande-Bretagne. Ce refus est-il une forme ? était-ce une pré-caution ? cet acte royal entraînerait-il responsabilité, ou a-t-on craint que je n'en fisse un titre d'honneur ? et en effet , en pourrait-il être autrement, si n'arguant aucun grief, il ne sem-ble punir qu'un des plus rares dévouemens, celui d'un servi-teur s'immolant avec son maître qu'avait abandonné la for-tune.

Mylord , dans le choix restreint que m'a laissé V. Seigneu-rie j'ai donné la préférence à Ostende sur Calais, par de simples motifs de délicatesse puisés dans ma tendre vénération pour la patrie; il m'en aurait trop coûté qu'on eût pu dire, que mes compatriotes m'auraient persécuté pour un acte de vertu ; et peut-être de leur part , cette conduite eût-elle été au moins excusable; de la vôtre, Mylord, ma déportation d'Angleterre n'a été qu'un vrai caprice, une dureté sans excuse.

Quoi qu'il en soit , me voilà sur le continent; j'y ai été jeté de votre fait et contre mon gré, et ici , Mylord , qu'il me soit permis de m'arrêter un instant. Je connais toutes les circonstances de ma vie, et j'ai ce bonheur qu'il n'est pas de coin en Europe, où je ne puisse porter un cœur tranquille , un front serein , un pas assuré. Mais vous , Mylord , qui n'avez ni le loisir , ni le vouloir, ni les facilités de rechercher mon obscure carrière , si par hasard , les dissensions politiques, durant lesquelles il n'est pas toujours nécessaire d'être criminel pour être poursuivi, eussent mis ma personne en danger ; si j'y eusse succombé, on n'eût vu en moi qu'une victime ; mais vous, Mylord, qui m'auriez livré, quel nom n'eût pas été le vôtre? ne vous exposiez-vous pas à ce qu'on pût dire : « Tandis que les lois anglaises s'enorgueillissent d'avoir aboli la traite des nègres aux îles d'Amérique , les ministres anglais trafiquent de la chair blanche sur le continent de l'Europe ? »

Mylord, par suite de d'impulsion que V. S. a imprimée à mes destinées , j'ai été saisi et conduit au travers du royaume des Pays-Bas en malfaiteur et sans pitié, bien que moribond. Mon indignation n'a pu se taire. Oserai-je à ce sujet, Mylord , vous transcrire des vérités peu agréables? mais pourquoi pas? C'est le droit de tous vos compatriotes de faire entendre la vérité sans crainte à un ministre d'Angleterre ; à plus forte raison ce doit être celui d'un étranger qui a de si justes motifs de plainte et de douleur. Eh bien! quand je me suis récrié contre un si révoltant abus à mon égard , on m'a demandé de quel point du globe je venais, d'où pouvait naître mon étonnement ? Les uns m'ont dit : « Notre Roi est bon , ne vous en prenez pas à lui ; il n'est » que l'instrument dont on vous frappe. La main tyrannique » vient de plus loin. »D'autres ont dit : « Le peuple anglais a » depuis long-temps descomptoirs aux Indes pour son trafic; les » ministres anglais en établissent aujourd'hui sur le continent » pour leur despotisme. Quand leur autorité finit en Angle- » terre, ils la prolongent sur le continent. C'est chez nous » qu'ils ont placé leurs instrumens de torture et leurs exécu- » teurs. Vous n'échapperez point à leur inquisition ni à ses » supplices. »Et alors les diatribes d'éclater, et les imprécations de pleuvoir contre l'Angleterre et les Anglais. Sans doute, Mylord, les gens sages , instruits et sans passion , sont loin de s'y tromper, et savent à qui s'en prendre exclusivement ; ils distinguent fort bien l'excellence des lois , d'avec leur violation et les abus du pouvoir ; ils savent que les vrais Anglais combattent et détestent tout espèce de tyrannie chez eux et au loin ; qu'ils sont dans leur île les défenseurs les plus ardens , les gardiens les plus zélés des grandes et belles vérités qui, sur notre continent, sont l'objetdenosespérances et de nos vœux. Mais le simple vulgaire n'y regarde pas de si près ; il trouve plus simple de s'en prendre à une nation en masse et de la maudire tout entière.

Mais enfin, Mylord, après tout quel est mon crime, quel peut être le motif d'une si cruelle persécution ? J'ose vous le demander, et les pays où elle s'est prolongée par votre impulsion, vous le demandent avec moi. Partout les autorités qui ont agi sur ma personne m'ont évité avec soin ; elles eussent été embarrassées de mes droits et n'eussent pu motiver leurs actes ; elles en ignorent elles-mêmes la source et la cause. Depuis le cap de Bonne-Espérance jusqu'au lieu où je me trouve, si je demande quel jugement, quelle sentence, quelle charge existe contre moi, on ne me répond que par un ordre. Si je sollicite un motif, je n'obtiens que le silence.

Mylord, j'ai eu l'honneur de vous l'écrire du Cap et j'ose vous le répéter ici. Quelle objection raisonnable s'opposait aux vœux que je formais de demeurer sur votre sol et auprès de vous ? Craignait-on que je ne parlasse, que je n'écrivisse sur des sujets politiques ? Mais quel inconvénient mes écrits pouvaient-ils avoir dans votre île ? Craignait-on que je ne fisse entendre des plaintes importunes sur votre administration ? Mais est il un point sur le continent où l'on puisse étouffer mes cris, et où je ne trouve les esprits disposés à m'entendre ? Votre voisinage, Mylord ,votre seul territoire, n'était-il pas celui où vous aviez sur moi le plus d'action et d'autorité ? Si je me rendais coupable, n'aviez-vous pas vos lois générales ? Si je me rendais désagréable, n'aviez-vous pas vos lois particulières, et surtout le *bill des étrangers ?* Enfin plus que tout cela, vous aviez pour garantie de ma réserve et de ma modération mon désir de demeurer aupès de vous ; et ce désir était extrême, Mylord, je vais vous en dire la cause. Mon séjour en Angleterre accomplissait les vœux, le destin du reste de ma vie, celui de me consacrer à jamais (sans enfreindre vos réglemens, et par les voies légales que vous avez admises), à procurer des adoucissemens et des consolations à celui que je pleure. Je vous suppose assez d'élévation , Mylord, ainsi qu'à vos collégues, pour ne remplir en cette circonstance qu'un devoir politique et demeurer étranger à toute animosité personnelle. Quand vous avez pourvu à la sûreté du captif, vous ne sauriez lui envier des allégemens qui ne vous seront point à charge. Vous le faciliterez plutôt, or j'implore de vous cet emploi religieux, mon cœur a besoin de le remplir, je le ferai avec loyauté ; je vous en eusse convaincu, Mylord, si j'avais pu parvenir jusqu'à vous , et je n'en désespère point encore ; je solicite de nouveau et toujours....

J'avais compté aussi, Mylord, je l'avoue, comme une chance

de mon admission auprès de vous, le désir de votre Seigneurie de saisir cette occasion singulière de vous affermir dans la connaissance de la vérité, je pensais que votre poste et votre caractère vous en faisaient une loi. En prononçant sur les plaintes de Ste-Hélène, quelles lumières contradictoires auraient éclairé vos nobles fonctions de jury? J'eusse répondu à toutes vos questions, avec candeur, sans passion; je vous eusse convaincu sans éclat, si vous en aviez eu le désir, de toutes les erreurs dans lesquelles la multiplicité et l'importance de vos affaires vous laissent sur ce qui nous concerne. J'ai lu dans trois papiers différens (les *Times*, *New-Times* et *London-Chronicles*) votre réponse à Lord Holland sur sa motion relative à Ste-Hélène, et je puis vous assurer que chaque ligne est une irrégularité. A Dieu ne plaise, Mylord, que je ne vous croie dans la bonne foi. Mais vos bureaux vous ont mal instruit. V. S. a affirmé qu'aucun des parens de l'Emperuer Napoléon, excepté son frère Joseph, ne lui avait écrit; je lui ai remis moi-même 3 ou 4 lettres venues de vous par le canal de Sir H. Lowe; savoir de Madame Mère, Madame la princesse Borghèse et son frère Lucien. Le fait est peu important en lui-même, Mylord; mais cette inexactitude matérielle doit exciter vos doutes sur d'autres points, et donner du poids à mes assertions sur le reste. Ce qui me concerne, par exemple, est tellement défiguré, que, quelque sujet que j'aie de me plaindre de Sir H. Lowe, je n'hésite pas à penser qu'il se récriera sans doute lui-même contre un procédé aussi véridique. Du reste, Mylord, dans la chaleur des partis, et dans toute opposition, il se forme inévitablement deux vérités. La mienne ne saurait être précisément la vôtre. Le public le sait, aussi c'est sur les pièces officielles qu'il aurait aimé à établir la sienne. Vous avez cru devoir les refuser, Mylord, n'aurez-vous pas fixé son opinion ?

Mylord, je me résume après de si longs détails :

1°. Je demande justice et redressement de l'abus d'autorité, de l'acte arbitraire, tyrannique par lequel lord Charles Somerset m'a privé si long-temps de ma liberté, en violation des lois positives de son pays.

2°. Je demande justice et redressement des formes irrégulières avec lesquelles on a saisi tous mes papiers dans la Tamise, et on m'en a séparé sans vouloir, en dépit de toutes mes instances, en presser l'inventaire.

3°. Je demande justice et redressement d'avoir, au mépris de tous les principes, été livré captif sur le continent, par suite de l'impulsion ou des instructions données, été contraint de traverser en malfaiteur la Belgique et les pays adjacens.

4°. Je demande la visite et la restitution prompte des papiers qui m'ont été saisis dans la Tamise. La plupart avaient été respectés par Sir H. Lowe, et d'autres me deviennent absolument nécessaires dans l'usage journalier de mes relations domestiques; ils contiennent tous mes titres de propriété et de fortune, sans eux je demeure privé de tout (*).

5°. Je demande la restitution de mes papiers de Ste-Hélène dont l'inventaire, reconnu et signé par Sir H. Lowe, se trouve parmi les papiers saisis sur la Tamise. Les papiers de Ste-Hélène se réduisent à peu près à un seul manuscrit, renfermant l'espace de 18 mois, où, jour pour jour, se trouvent inscrits, encore en désordre et sans être arrêtés, les conversations, les paroles, les gestes peut-être, de celui qui long-temps guida les déstinées de l'Europe.

Ce manuscrit, sacré par sa nature et son objet, était inconnu à tous et devait le demeurer; j'en ai laissé prendre connaissance à Sir H. Lowe suffisamment pour le convaincre de son inoffensive nature. En arrivant au Cap j'ai eu l'honneur d'écrire au Prince Régent par le canal des ministres, aussi bien qu'à eux-mêmes, pour mettre ces matériaux précieux sous leur protection spéciale : je le leur demandais au nom de la justice, au nom de l'histoire. Ils sont aux yeux de toutes les lois ma propriété sacrée, celle de mes enfans, celle de l'avenir.

6. Enfin, et sur toute chose, je demande la restitution de la lettre que l'Empereur Napoléon m'a fait l'honneur de m'adresser dans ma prison au secret dans l'île de Ste-Hélène. Une lettre étrangère à la politique, lue par le pouverneur de Ste-Hélène, lue par les ministres mêmes s'ils l'ont voulu, ne saurait, dans aucun code du monde, quelque sévères d'ailleurs qu'en pussent être les expressions confidentielles, être enlevée à celui dont elle est devenue la propriété. Cet objet précieux et sacré est la récompense de ma vie, le titre de mes enfans, le monument de ma famille.

Mylord, ami naturel et réfléchi de toute convenance et de toute modération, c'est à vous que j'adresse d'abord l'énumération de mes griefs. C'est à vous seul que j'en demande sans bruit le redressement. Si V. S. croyait ne devoir pas y répondre, c'est à vos tribunaux de justice que je me trouverais dans l'obligation d'adresser mes plaintes; après eux viendra encore le tribunal de l'opinion publique, ensuite, pardessus tout encore,

---

(*) Ces papiers ont été restitués depuis, il est vrai, mais au bout de 4 mois. Les ministres ont même fait écrire qu'ils les avaient renvoyés immédiatement et sans les ouvrir ; ils ont pleinement désavoué par là sans doute leur agent, mais en est-on moins fondé à poursuivre une privation de 4 mois et le châtiment d'une violation aussi monstrueuse que celle du subalterne ? Le Comte n'a jamais prétendu se refuser à l'examen de ses papiers, il ne s'est élevé que contre les formes et leurs tyrannies.

ce tribunal suprême d'en-haut qui, planant également sur la victime et les oppresseurs, accomplit dans l'éternité le triomphe infaillible de tous les droits, et le châtiment final de toutes les injustices.

J'ai l'honneur d'être, Mylord, avec une haute considération, etc.

Signé,   LE COMTE DE LAS CASAS.

FIN.

La lettre suivante, dont l'original anglais ne donne qu'un extrait, ne nous étant parvenue qu'après l'impression de l'ouvrage, nous la plaçons ici afin d'en faire jouir nos lecteurs.

« Mon cher Las Casas,

» Mon cœur ressent vivement ce que vous endurez; depuis quinze jours qu'on vous a arraché d'auprès de moi, on vous a mis au secret sans vous permettre de recevoir ni de donner de vos nouvelles, sans vous laisser communiquer avec qui que ce soit, Anglais ou Français, en vous privant même d'un domestique de votre choix.

» Votre conduite à Ste-Hélène a été comme votre vie, sans reproche; j'aime à vous le répéter.

» Votre lettre à une dame de vos amies, à Londres, n'a rien en elle-même de repréhensible; vous y épanchez votre cœur dans le sein de l'amitié. Cette lettre est comme les huit ou dix autres que vous avez écrites à la même personne et que vous avez envoyées décachetées. Le commandant de cette place ayant eu la *délicatesse* de chercher à connaître les expressions que vous confiez à l'amitié, vous a fait des reproches. Dernièrement il vous a menacé de vous renvoyer de cette île si vos lettres contenaient encore quelque plainte contre lui; en agissant ainsi, il a violé le premier devoir de sa place, le premier article de ses instructions, le premier sentiment de l'honneur; il vous a, dès-lors, autorisé à chercher les moyens de faire parvenir l'effusion de vos sentimens dans le sein de vos amis et de leur faire connaître la conduite coupable du commandant. Mais comme vous avez été sans artifice, il a été facile d'en imposer à votre confiance.

» On ne voulait qu'un prétexte de saisir vos papiers, car votre lettre adressée à votre amie de Londres, ne pouvait autoriser une visite de police chez vous. Cette lettre ne contenait ni complot ni mystère, elle ne renfermait que l'expression d'un cœur noble et plein de franchise. La conduite illégale et précipitée qu'on a tenue dans cette occasion, porte le cachet de la haine personnelle la plus basse.

» Dans les pays les moins civilisés, les exilés, les prisonniers, et même les criminels, sont sous la protection des lois et des magistrats. Les personnes commises à leur garde ont, soit dans l'ordre administratif, soit dans l'ordre judiciaire, des chefs qui les surveillent. Sur ce rocher, l'homme qui fait les réglemens les plus absurdes, les exécute avec violence, transgresse toutes les lois, et rien ne met un frein à ses déportemens.

» On enveloppe Longwood d'un mystère qu'on voudrait rendre impénétrable, afin de cacher une conduite coupable. N'est-ce pas une raison suffisante de soupçonner les intentions les plus criminelles?

» On a cherché, par quelques bruits artificieusement répandus, à prévenir les officiers, les étrangers, les habitans et même les agens que l'Autriche et la Russie entretiennent dans cette île. Sans doute, on aura abusé de la même manière le gouverneur anglais, en lui faisant des rapports fallacieux.

» Vos papiers, parmi lesquels on savait qu'il s'en trouvait à moi, ont été saisis sans aucune formalité, tout près de mon appartement, et avec une joie féroce et affectée. J'en fus témoin. Quelques momens plus tard, je regardai par la fenêtre et je vis qu'on s'emparait de vous. Une nombreuse escorte paradait autour de la maison, et il me semblait voir quelques sauvages de la mer du Sud, dansant autour des prisonniers qu'ils allaient dévorer.

» Votre société m'était bien nécessaire. Vous seul lisiez, parliez et entendiez l'anglais. Combien de nuits n'avez-vous point passées près de moi, pendant les accès de ma maladie. Cependant je vous engage, et s'il en est besoin, je vous ordonne de requérir le commandant de cette place de vous renvoyer sur le continent. Il ne peut s'y refuser, puisqu'il n'a aucun droit sur vous, que par l'acte volontaire que vous avez signé. Ce sera pour moi une grande consolation de savoir que vous êtes en chemin pour des contrées plus heureuses.

» A votre retour en Europe, si vous allez en Angleterre, ou si vous retournez dans vos foyers, perdez le souvenir de tous les maux qu'on vous vous a fait endurer, mais glorifiez-vous de la fidélité que vous m'avez montrée, et de la grande affection que je vous porte.

» Si vous voyez un jour ma femme et mon fils, embrassez-les. Depuis deux ans, je n'ai point entendu parler d'eux directement ni indirectement. Il est venu, il y a environ six mois, dans cette ville, un botaniste allemand qui les avait vus dans les jardins de Schœnbrun, quelques mois avant son départ ; les barbares ont mis tous leurs soins à l'empêcher de me donner de leurs nouvelles.

» Mon corps est au pouvoir de la haine de mes ennemis. Ils n'oublient rien de ce qui peut assouvir leur vengeance. L'insalubrité de ce climat dévorant, le manque de chaque chose nécessaire à la vie, mettront bientôt, je le sens, fin à cette existence, dont les derniers momens seront un opprobre pour le caractère de la nation anglaise ; et l'Europe signalera un jour, avec horreur, cet homme perfide et cruel, que tout véritable Anglais désavouera pour un enfant d'Albion.

» Comme il n'y a point de raison de croire qu'on vous permette de me voir, avant votre départ, recevez mes embrassemens et l'assurance de mon estime et de mon amitié. Soyez heureux.

Ce 11 décembre 1816.

NAPOLÉON.